Heinz Rüegger

Lebenskunst des Alterns

TVZ

Heinz Rüegger

Lebenskunst des Alterns

Gerontologische und theologische Aspekte

TVZ
Theologischer Verlag Zürich

Publiziert mit freundlicher Unterstützung der Stiftung
Diakoniewerk Neumünster – Schweizerische Pflegerinnenschule.

Der Theologische Verlag Zürich wird vom Bundesamt
für Kultur für die Jahre 2021–2025 unterstützt.

Bibliografische Informationen der Deutschen Nationalbibliothek
Die Deutsche Nationalbibliothek verzeichnet diese Publikation in der
Deutschen Nationalbibliografie; detaillierte bibliografische Daten sind
im Internet über http://dnb.dnb.de abrufbar.

Umschlaggestaltung
Simone Ackermann, Zürich, unter Verwendung eines Bilds der Malerin
Verena Dietiker-Siegrist (1943–2020)

Satz und Layout
Theologischer Verlag Zürich

Druck
gapp print, Wangen im Allgäu

ISBN 978-3-290-18531-2 (Print)
ISBN 978-3-290-18532-9 (E-Book: PDF)

3. Auflage 2025

www.tvz-verlag.ch

Die Bibeltexte sind, wenn nicht anders angegeben, nach der Zürcher Bibel
zitiert.

Inhalt

Vorwort

Leben heisst altern – immer schon. Alt werden gehört grundsätzlich zum menschlichen Leben. Dabei haben Menschen seit Jahrtausenden davon geträumt, möglichst lange zu leben. Einzelne Menschen haben schon in früheren Jahrhunderten ein hohes Alter erreicht. Aber das waren eher Ausnahmen. Im Grossen und Ganzen bewegte sich die durchschnittliche Lebenserwartung bis vor Kurzem in engen Grenzen. Seit rund anderthalb Jahrhunderten hat sich das geändert. Die Lebenserwartung hat rasant zugenommen. Wir werden immer älter. Das Alter kann heute gut und gerne einen Drittel der gesamten Lebenszeit ausmachen. Und die demografische Entwicklung führt dazu, dass der Prozentsatz der älteren Menschen in unserer Gesellschaft gegenüber demjenigen der jüngeren kontinuierlich steigt.

Demgegenüber erstaunt, dass Altern als grundlegender Prozess menschlichen Lebens und Alter als Lebensphase in manchen wissenschaftlichen Disziplinen, so auch in der christlichen Theologie, bis vor Kurzem kein zentrales Thema war. Auch das Neue Testament beschäftigt sich – anders als das Alte Testament – so gut wie gar nicht mit der Altersthematik. Glaube im herkömmlichen christlichen Sinn scheint altersindifferent zu sein, dem Alter also keine besondere Bedeutung beizumessen.

Angesichts der heutigen demografischen Entwicklung und der immer weiter sich steigernden Langlebigkeit ist allerdings die Frage nicht zu umgehen, was Altern und Alter generell, aber auch in einer spezifisch christlich-theologischen Perspektive bedeuten und wie das Alter hilfreich gestaltet werden kann. Diese Frage stellt sich gerade auch in theologischer Perspektive umso mehr, als in den grossen Volkskirchen in Europa die aktiven Mitglieder, die regelmässig am kirchlichen Leben teilnehmen, mehrheitlich zur Gruppe der älteren Bevölkerung gehören. Darum muss Alter wie in der Gesellschaft generell, so auch in den Kirchen ein zentrales Thema sein bzw. werden.

Dazu wollen die Ausführungen dieses Buches ein paar Anstösse geben und theologische, ethische und gerontologische Perspektiven eröffnen. Sie richten sich sowohl an professionell Mitarbeitende, die irgendwo im Altersbereich tätig sind, als auch – und vor allem – ganz allgemein an Leserinnen und Leser, die sich vertieft mit dem Prozess des Alterns auseinandersetzen wollen und danach fragen, wie das eigene Alter sinnvoll und fruchtbar gestaltet werden kann.

Die Grundüberzeugung der vorliegenden Ausführungen ist es, dass der Prozess des Altwerdens und die Lebensphase des Altseins nicht einfach schicksalshaft vorgegeben sind, sondern wie alles Leben zu einem guten Teil bewusst gestaltet werden können, insbesondere durch die Einstellung, die man dazu gewinnt. Darum stehen die Überlegungen dieses Buchs im Zeichen einer ‹Lebenskunst des Alterns›, die man einüben und praktizieren kann. Altsein kann so zu einer bereichernden Lebenserfahrung werden, ohne die Schwierigkeiten und Herausforderungen überspielen zu müssen, die damit auch verbunden sein können. Da der Inhalt dieses Buchs nicht nur fachliche gerontologische Informationen vermitteln, sondern zu einer Lebenskunst des Alterns anregen will, stehen am Ende der meisten Kapitel unter der Rubrik ‹Persönliche Reflexion› einige Fragen, die zum persönlichen Nachdenken über eigene Erfahrungen mit dem Prozess des Alterns anregen können.

Als Autor dieses Buchs gehöre ich selbst zur Gruppe der sogenannt jungen Alten. Die hier vorgelegten Überlegungen zu einer Lebenskunst des Alterns sind nicht nur Resultat einer jahrzehntelangen professionellen und wissenschaftlichen Beschäftigung mit Fragen des Alters und des Alterns, sondern zugleich Ausdruck persönlich-existenzieller Suche nach Perspektiven, die dem eigenen Älterwerden hilfreiche Orientierung zu geben vermögen.

Die folgenden Ausführungen beginnen mit grundsätzlichen Perspektiven im Blick auf das Alter aus gerontologischer, biblisch-anthropologischer und ethischer Sicht. Daran schliesst sich ein zweiter Teil an, der sich mit Chancen, Ressourcen und Potenzialen des Alters befasst. Ein dritter Teil handelt dann davon, wie grundlegende Herausforderungen des Alters zugelassen und bewältigt werden können. In einem vierten Teil stehen Fragen des Umgangs mit Erfahrungen von Sinn, Sinnlosigkeit und Endlichkeit des Lebens im Zentrum. Abschliessend wird das Thema einer Lebenskunst des Alterns in einen gesellschaftlichen Kontext gestellt.

Für die inhaltliche Durchsicht und hilfreiche Kommentierung des Manuskripts aus unterschiedlicher professioneller Perspektive danke ich dem Psychiater Prof. Dr. Stefan Büchi, dem Geriater und Palliativmediziner Dr. Roland Kunz, der Palliative Care Pflegefachfrau und kirchlichen Altersbeauftragten Eva Niedermann, der Pfarrerin Anne-Käthi Rüegg-Schweizer sowie dem Theologen und Gerontologen Christoph Schmid. Ein besonderer Dank geht an Jürg Dietiker, den Mann der verstorbenen Malerin Verena Dietiker-Siegrist, für die Erlaubnis zum Abdruck des Bilds auf dem Cover. Dorothea Meyer vom TVZ Verlag danke ich für die hilfreiche Lektorierung des Manuskripts. Schliesslich danke ich sehr herzlich der Stiftung Diakoniewerk Neumünster – Schweizerische Pflegerinnenschule, die die Publikation dieses Buchs durch einen grosszügigen Zuschuss an die Druckkosten ermöglicht hat.

Zollikerberg, im Advent 2022 Heinz Rüegger

Das Phänomen Alter(n)

Alter – ein vernachlässigtes Thema rückt ins Blickfeld

Alter ist traditionellerweise kein zentrales Thema der Anthropologie, der Lehre vom Menschen. Bis in die jüngste Vergangenheit hinein lässt sich ein gewisses Defizit an anthropologischer, also das Menschenverständnis betreffender Reflexion auf das Alter feststellen, in der Philosophie, mehr aber noch in der Theologie.[1] Es ist zwar nicht zu übersehen, dass die christliche Kirche sich im Verlauf ihrer Geschichte immer wieder um alte, bedürftige Menschen als Zielgruppe wohltätig-diakonischen Handelns gekümmert hat. Eine Auseinandersetzung mit der grundsätzlichen Bedeutung des Prozesses des Alterns und der Lebensphase des Alters im Kontext einer menschlichen Biografie hingegen fand kaum statt. Gründe für diesen Umstand sind vielfältig. Über Jahrhunderte hinweg war ein hohes Alter angesichts einer allgemein tiefen Lebenserwartung ein eher seltenes Phänomen, das kaum einer speziellen Reflexion wert war. Zudem zeichnet sich das Neue Testament als normatives Grunddokument christlichen Glaubens durch eine ausgeprägte Altersindifferenz aus: Alter ist schlicht kein relevantes Thema.[2] Angesichts einer weit verbreiteten Naherwartung des Weltendes und einer ausgeprägten Jenseitshoffnung waren ein langes Leben und ein hohes Alter kein erstrebenswertes Gut.

---

1 Coors, Zeit und Endlichkeit des alternden Menschen, S. 254f.; Feeser-Lichterfeld, Lebenszyklus und Lebensverlängerung, S. 277; Höffe, Ethik, S. 135; Rieger, Altern anerkennen und gestalten, S. 39.50. Speziell im Bereich der theologischen Dogmatik kann das Thema Alter «als unterentwickelt, wenn nicht gar als ausser Acht gelassen gelten» (Thomas/Thomas, Autonomie und Endlichkeit im Alterungsprozess, S. 135f.).

2 Gordon, Biblical Perspectives on Aging, S. 122. Der Sechste Bericht zur Lage der älteren Generation in der Bundesrepublik Deutschland hält fest: «Der christliche Glaube ist prinzipiell altersindifferent» (S. 116). In demselben Sinn vermerkt Alfons Auer, dass biblische Hinweise auf die Sinnwerte des Alters sehr spärlich und recht dürftig sind (Geglücktes Altern, S. 85).

Demgegenüber vermochten auch anders akzentuierte alttestamentliche Aspekte wenig zu bewirken.

Diese Situation der Altersvergessenheit in Theologie und Kirche hat sich in der jüngsten Vergangenheit geändert. Ein interdisziplinär angelegtes Fachgebiet der Alterswissenschaft, der Gerontologie, hat sich entwickelt und dazu geführt, dass das Thema des Alterns und des Alters verstärkt in den Fokus wissenschaftlicher Reflexion, der Sozialpolitik und des gesellschaftlichen Bewusstseins gerückt ist. Hans-Werner Wahl und Vera Heyl stellen fest: «Alter, Altern und alte Menschen stehen in der heutigen Zeit wie zu keiner anderen Epoche im Mittelpunkt des wissenschaftlichen (Gerontologie) und gesellschaftlichen Interesses. Diese Aussage besitzt weltweite Gültigkeit […]. Alter ist weltweit auf dem Vormarsch.» Man kann geradezu von einer «Entdeckung des Alters» in unserer Gesellschaft sprechen.[3] Nach einer Trendstudie des Gottlieb Duttweiler Instituts wurde im 20. Jahrhundert die Jugend neu erfunden, während das 21. Jahrhundert dabei ist, das Alter neu zu erfinden.[4]

Langlebigkeit als Normalfall

Dass dem so ist, hängt mit der demografischen Entwicklung zusammen: Menschen werden immer älter. Ein relativ hohes Alter zu erreichen, ist heute kein Ausnahmephänomen mehr, das nur auf vereinzelte Personen mit besonders günstiger Veranlagung und robuster Gesundheit zutrifft. Langlebigkeit ist zum Normalfall für die breite Bevölkerung geworden.[5] Wir

---

3 Wahl/Heyl, Gerontologie, S. 11f. Bodo de Vries weist darauf hin, dass es das Alter als eigenständige, biografisch bedeutsame Lebensphase im frühen 20. Jahrhundert noch nicht gab, dieses vielmehr eine relativ junge Erfindung ist (Die Erfindung des Alters, S. 127).

4 Frik/Froböse/Gürtler, Die Gesellschaft des langen Lebens, S. 8.

5 Arthur E. Imhof spricht von einem sich ab ca. 1930 vollziehenden Wandel von der unsicheren zur sicheren Lebenszeit (Die Lebenszeit, S. 54–112).

sind in die Realität einer Gesellschaft des langen Lebens eingetreten. Dazu kommt, dass sich durch eine gegenüber früher deutlich reduzierte Fertilitätsrate die altersmässige Zusammensetzung der Bevölkerung gewandelt hat: Der Prozentsatz alter Menschen an der Gesamtbevölkerung nimmt zu, derjenige der jungen Menschen hingegen ab. Es findet also eine Alterung der Bevölkerung insgesamt statt,[6] weswegen allerdings noch lange nicht in abwertendem Sinn von einer ‹Überalterung› der Bevölkerung zu sprechen ist – wenn schon, könnte man angesichts der niedrigen Fertilitätsrate gerade so gut von einer ‹Unterjüngung› der Bevölkerung sprechen. Beide Aspekte, die individuelle Langlebigkeit und die Alterung der Bevölkerung als Ganzes, lassen das Phänomen Alter seit einigen Jahrzehnten verstärkt ins Zentrum der Aufmerksamkeit rücken: wissenschaftlich, sozialpolitisch, im Blick auf das Gesundheitswesen.

Was Altsein und Altwerden bedeutet, ist Gegenstand einer intensiven, vielfältigen Diskussion aus unterschiedlichen professionellen Perspektiven geworden. Die Wissenschaft ist gefordert, aus dem Blickwinkel verschiedenster Disziplinen ein neues Verständnis des Alterns und des Alters zu entwickeln: Sozialpolitik muss Rahmenbedingungen schaffen, die die Teilnahme alter Menschen an der Gesellschaft ermöglichen. Und auch die Religionen kommen nicht darum herum, sich im Blick auf die heutigen Gegebenheiten neu zu fragen, was Altern und Alter denn in einer religiösen oder spirituellen Perspektive bedeuten. Holger Nielen ist der Meinung, dass «angesichts der Tatsache, dass die Menschheit insgesamt immer älter wird, alle Religionen es als eine wichtige Aufgabe anzusehen scheinen,

---

6 Am Beispiel der Schweiz bedeutet dies: Von den derzeit rund 8,7 Mio. Einwohnerinnen und Einwohnern sind knapp 19 % im Alter von 65+ Jahren, gut 5 % im Alter von 80+ Jahren. Nach den Prognosen des Bundesamtes für Statistik soll im Jahr 2050 die ständige Wohnbevölkerung 10,44 Mio. Menschen betragen, von denen gut 25 % im Alter von 65+ Jahren sein werden, knapp 11 % im Alter von 80+ Jahren (Wanzenried, Kommunale Alterspolitik, S. 14).

das Alter neu zu überdenken und ihre Traditionen entsprechend anders zu lesen.»[7] Dies bedingt eine Neubesinnung in allgemein-gerontologischer, philosophischer, ethischer und theologischer Perspektive.[8] Einen Beitrag dazu soll auch dieses Buch leisten.[9]

Alter und Altern

Was aber heisst denn Altern und Alter überhaupt? Ab wann beginnt bei Menschen der Prozess des Alterns, des Älterwerdens? Und ab wann ist jemand alt? Ab wann befindet sich jemand in der Lebensphase des Alters? Eine Antwort auf diese an und für sich simplen Fragen zu geben, ist gar nicht so einfach.

Leben heisst älter werden

Grundsätzlich ist zwischen ‹Altern› als Prozess und ‹Alter› als Lebensphase zu unterscheiden. Was das *Altern* betrifft, halten Hans-Werner Wahl und Vera Heyl in einem ganz allgemeinen Sinne fest: «Altern findet lebenslang seit der Geburt bzw. sogar vorgeburtlich seit der Befruchtung statt.»[10] Mit anderen Worten: Leben heisst altern – immer schon und ganz grundsätzlich.

---

7 Nielen, Alter und Altern in den Religionen, S. 73. Martina Blasberg-Kuhnke und Andreas Wittrahm stellten fest, dass angesichts der Aktualität des Themas Alter das diesbezügliche kirchliche Problembewusstsein eher mager ist und sich die Kirche zum Phänomen der alternden Gesellschaft in allen Handlungsfeldern grundsätzlich neu positionieren muss (Altern in Freiheit und Würde, S. 9.26).

8 Im Blick auf theologische Beiträge vgl. etwa Klie/Kumlehn/Kunz, Praktische Theologie des Alterns, oder Kunz, Religiöse Begleitung im Alter.

9 Der Text dieses Buchs geht teilweise zurück auf einen Aufsatz, der erschienen ist als: Rüegger, Alter in christlicher Perspektive.

10 Wahl/Heyl, Gerontologie, S. 15.

Leben vollzieht sich in einem Prozess kontinuierlichen Älterwerdens, bei dem die Vergangenheit des schon gelebten Lebens zunimmt und die noch bevorstehende Zukunft abnimmt. Altern in dieser rein zeitlichen Hinsicht geschieht über das ganze Leben von der Geburt (oder gar Zeugung) bis zum Tod. Es gibt nach dieser Sicht kein Leben, das nicht mit dem Prozess des Alterns einherginge.

Allerdings widerspricht diese grundsätzliche Sicht von Altern der alltäglichen Verwendung des Begriffs des Alterns. Denn normalerweise sagen wir von Kindern und Jugendlichen nicht, dass sie ‹altern›.[11] Wir würden sagen, dass sie allenfalls älter werden oder eher noch: dass sie wachsen. Erst ab dem Erwachsenenalter würden wir explizit statt von einem Wachstumsprozess von einem Alterungsprozess sprechen,[12] weil das Älterwerden etwa ab 30 Jahren schon rein biologisch und im Blick auf die physische, z. B. sportliche Leistungsfähigkeit mit Formen des kontinuierlichen Abnehmens, der Minderung verbunden ist. Altern in diesem gängigen Verständnis ist stark mit Prozessen des Abbauens, also mit Verlustphänomenen assoziiert. Nun hat aber die gerontologische Forschung deutlich gemacht, dass Altern ein Prozess ist, der über weite Strecken gleichzeitig durch Phänomene des Abnehmens *und* der Zunahme, des Verlustes *und* des Zugewinns bestimmt sein kann. Körperlich mag jemand mit 40 Jahren seinen Zenit überschritten haben, in Bereichen der Lebenserfahrung, der sozialen Fähigkeiten oder der beruflichen Kompetenz mag er oder sie laufend zunehmen. Es ist also unangebracht, Altern als multidimensionaler Prozess, der auf verschiedenen Ebenen und in verschiedene Richtungen (multidirektional) stattfindet,

---

11 So hält Sebastian Knell fest, dass «während der unterschiedlichen Phasen des Heranreifens zum jungen Erwachsenen noch keine biologische Alterung stattfindet» (Philosophische und ethische Aspekte des Alterns, S. 109).

12 Bozzaro, Altern als Paradigma menschlicher Zeiterfahrung, S. 58.

einfach mit Abbau und Verlust gleichzusetzen. Es empfiehlt sich durchaus, für ein vertieftes Verständnis von Altern davon auszugehen, dass der Prozess des Alterns als Älterwerden, als Entwicklung des Lebens im Verlauf der Zeit das ganze Leben umfasst. In diesem Sinne heisst Leben immer schon altern.

Alter als Lebensphase

Was den Begriff des *Alters* betrifft, versteht man darunter eine bestimmte Lebensphase in der Biografie eines Menschen. Wann sie beginnt, ist nicht eindeutig und objektiv zu definieren. Menschliche Entwicklung verläuft kontinuierlich, von Natur aus gibt es keine klaren Zäsuren. Das heisst, jede Grenzsetzung, ab wann jemand als alt gilt, ist letztlich willkürlich.[13] Dennoch verstehen sowohl der allgemeine Sprachgebrauch wie auch die gerontologische Fachdiskussion Alter primär als Entwicklungsphase einer späten, letzten Lebenszeit.[14] Dafür, wann diese genau beginnt, gibt es keine präzisen Kriterien.[15] Nach Karin Frick, Frerk Froböse und Detlef Gürtler ist heute ohnehin von einem Konzept des ‹Fluid Life› auszugehen: «Altern ist keine von anderen Lebensphasen abgetrennte Kategorie mehr, sondern grenzenlos. Es fängt nicht an und hört nicht auf [...]. Die Phasen sind ‹fluid› – sie sind fliessend, gehen ineinander über.»[16] Trotzdem wird in der Regel Alter als Lebensphase mit dem Phänomen von Leistungs- und Funktionseinbussen in Verbindung gebracht. Alter wird verstanden als «letzter möglicher Abschnitt des Lebens, der durch die Abnahme oder den

---

13 Knell, Philosophische und ethische Aspekte des Alterns, S. 113.
14 Mahr, ‹Alter› und ‹Altern›, S. 19f.218.
15 Ebd., S. 225.
16 Frick/Froböse/Gürtler, Die Gesellschaft des langen Lebens, S. 12.

Verlust bestimmter Fähigkeiten charakterisiert ist, welche bei ausgereiften Individuen in der Regel vorliegen».[17]

Ebenen des Alterns

Der Prozess des Alterns und der Zustand des Alters als späte Lebensphase sind komplexe Phänomene, die sich auf ganz unterschiedlichen Ebenen (multidimensional) beschreiben lassen. So lässt sich das Alter(n) unter verschiedenen Gesichtspunkten beschreiben:[18]

- Das *chronologische Alter* bezeichnet die Länge der Zeit, die ein Mensch seit seiner Geburt bereits gelebt hat, und lässt sich mit seinem kalendarischen Lebensalter messen. Das besagt nichts über die physische oder psychische Verfassung eines Menschen oder seine Einstellung zum Leben. Aber sie erweist sich in juristischen und administrativen Zusammenhängen, etwa bei der Bestimmung der Volljährigkeit oder der Definition des Rentenalters, als nützlich.

---

17 Ebd., S. 218.220f.223. Ähnlich sieht es Michael Fuchs als naheliegend, «das Spezifikum des Alterns nicht schon allein mit der verstreichenden Zeit gegeben zu sehen, sondern mit Veränderungen und Verlusten, wie sie primär in der Seneszenz von Organismen beobachtet und erfahren werden» (Was ist Altern?, S. 9). Pasqualina Perrig-Chiello und François Höpflinger fassen diese Verluste bündig zusammen: «Mit zunehmendem Alter sind signifikante Einbussen bei sämtlichen sensorischen Prozessen zu verzeichnen (Hörfähigkeit, Sehkraft, Geschmacks-, Geruchs- und Tastsinn), bei der Reaktionsgeschwindigkeit, bei den meisten kognitiven Prozessen (Kurzzeitgedächtnis, Aufmerksamkeit, Arbeitsgedächtnis, Langzeitgedächtnis), beim objektiven Gesundheitszustand wie bei der subjektiven Gesundheitseinschätzung. Hinzu kommen vermehrte soziale Verluste wie beispielsweise Verluste geliebter und befreundeter Menschen, aber auch der Verlust eines anerkannten sozialen Status» (Die Babyboomer, S. 135).

18 Zum Folgenden vgl. Knell, Philosophische und ethische Aspekte des Alterns, S. 107–112.

- Das *biologische Altern* (die Rede ist auch von Seneszenz oder Biomorphose) bezieht sich auf körperliche Veränderungen, die sich im Verlauf des chronologischen Alterns einstellen. Also etwa das Ergrauen der Haare, das Nachlassen der Kräfte, die Verschlechterung der Sinneswahrnehmungen. Es geht um die physiologische Dimension des sukzessive sich steigernden Funktionsverlusts auf organischer und zellulärer Ebene.

- Analog dem biologischen Alternsprozess vollzieht sich auch ein *psychologisches Altern*: Es umfasst Veränderungsprozesse auf geistiger Ebene, die sich im Verlauf der Zeit einstellen. Sie können kognitive Kapazitäten betreffen, aber auch Veränderungen der Persönlichkeit.

- Von *sozialem Altern* spricht man in Bezug auf Veränderungen, die jemand im Blick auf soziale Rollen im gesellschaftlichen Miteinander durchlebt, etwa durch das Eintreten in die Grosselternrolle im familialen Generationengefüge oder durch den Wechsel von der beruflichen Funktion in nachberufliche Rollen.

- Als *existenzielles Altern* wird die subjektiv empfundene Einstellung zum Leben verstanden, die jemand im Rückblick auf das immer länger werdende schon gelebte Leben und im Vorausblick auf das immer kürzer werdende noch ausstehende Leben und das bevorstehende Lebensende entwickelt. Dazu gehört die Akzentverschiebung von einer Vorausschau zu einem Rückblick auf das Leben.

- Davon kann auch noch ein *spirituelles Altern* unterschieden werden, bei dem Wandlungen der religiösen, spirituellen oder weltanschaulichen Einstellungen und Überzeugungen im eigenen Lebensverlauf in den Blick genommen werden.

Diese verschiedenen Ebenen hängen auf unterschiedliche Art und Weise zusammen, können aber je ganz unabhängige, mitunter gar gegenläufige Entwicklungen vollziehen. Man spricht deshalb davon, dass der Prozess des Alterns *multidimensional* und *multidirektional* verlaufen kann.[19] Wichtig ist die Einsicht, dass Altern bis zuletzt ein offener Entwicklungsprozess ist und dass dieser – jedenfalls über lange Zeit hin – mit Verlusten *und* Gewinnen einhergehen kann. Auch wenn mit fortschreitendem Alter gerade auf körperlicher Ebene zunehmende Verlusterfahrungen eine Herausforderung sind, lohnt es sich, offen zu sein für Wachstums- und Reifungserfahrungen, die etwa auf der psychischen oder spirituellen Ebene möglich sind – vielleicht sogar gerade aufgrund der Erfahrung körperlicher Einschränkungen.

‹Junge Alte› und ‹alte Alte›

Angesichts der demografischen Entwicklung seit dem Beginn des 20. Jahrhunderts, die die durchschnittliche Lebenserwartung rasant hat ansteigen lassen, sodass das Alter heute rund einen Drittel der Lebenszeit eines Individuums ausmachen kann, hat es sich als notwendig erwiesen, die Lebensphase des Alters weiter zu unterteilen. Man spricht heute darum meist in Anlehnung an Überlegungen der amerikanischen Gerontologin Bernice L. Neugarten und des englischen Historikers Peter Laslett von zwei unterschiedlichen Altersphasen: derjenigen der jungen, noch rüstigen und aktiven Alten (der sogenannt *Young-old*, ungefähr zwischen dem 60. und dem 80. Altersjahr) und der darauf folgenden Phase der alten Alten (der sogenannt Old-old

---

19 Es handelt sich dabei um die Punkte 9 (multidimensional) und 10 (multidirektional) der zwölf Essentials der Gerontologie, die Hans-Werner Wahl und Vera Heyl in ihrer Einführung in die Gerontologie beschreiben (Gerontologie, S. 83–94, dort S. 90f.).

bzw. der durch zunehmende Fragilität, gesundheitliche Probleme und Unterstützungsbedarf gekennzeichneten Hochaltrigen). Erstere stellen das Dritte Lebensalter (nach Jugend und mittlerem Erwachsenenalter) dar, Letztere das Vierte Lebensalter. Dabei handelt es sich um zwei grundlegend verschiedene Alterskulturen.[20] In mancher Hinsicht ist das junge Alter dem mittleren Erwachsenenalter ähnlicher als dem alten Alter und das, was man gemeinhin mit ‹Alter› assoziiert, entspricht heute dem vierten Alter als der finalen Lebensphase. Der Sinn solcher Unterscheidungen besteht darin, den Blick dafür zu schärfen, dass die Lebensphase Alter sich in der jüngeren Vergangenheit markant ausgeweitet hat und heute Lebenssituationen umfasst, die sich stark voneinander unterscheiden.[21] *Die* Alten und *das* Alter gibt es nicht. Alter ist ein überaus vielfältiges Phänomen, das nicht über einen Leisten geschlagen werden kann, sondern in seinen unterschiedlichen Aspekten ernst zu nehmen ist.

---

20 Höpflinger, Sozialgerontologie, S. 61f.

21 François Höpflinger unterscheidet sogar vier verschiedene Altersphasen: noch erwerbstätige Senioren (~ 50–65), gesundes Rentenalter (auch Drittes Lebensalter genannt, ~ 65–80), Lebensalter verstärkter Fragilisierung (auch Viertes Lebensalter genannt, ~ 80+), Pflegebedürftigkeit und Lebensende (ebd., S. 58–61; ders., Demografisch-gesellschaftliche Wandlungen und soziale Folgen, S. 165–172).

Grundlegende Perspektiven

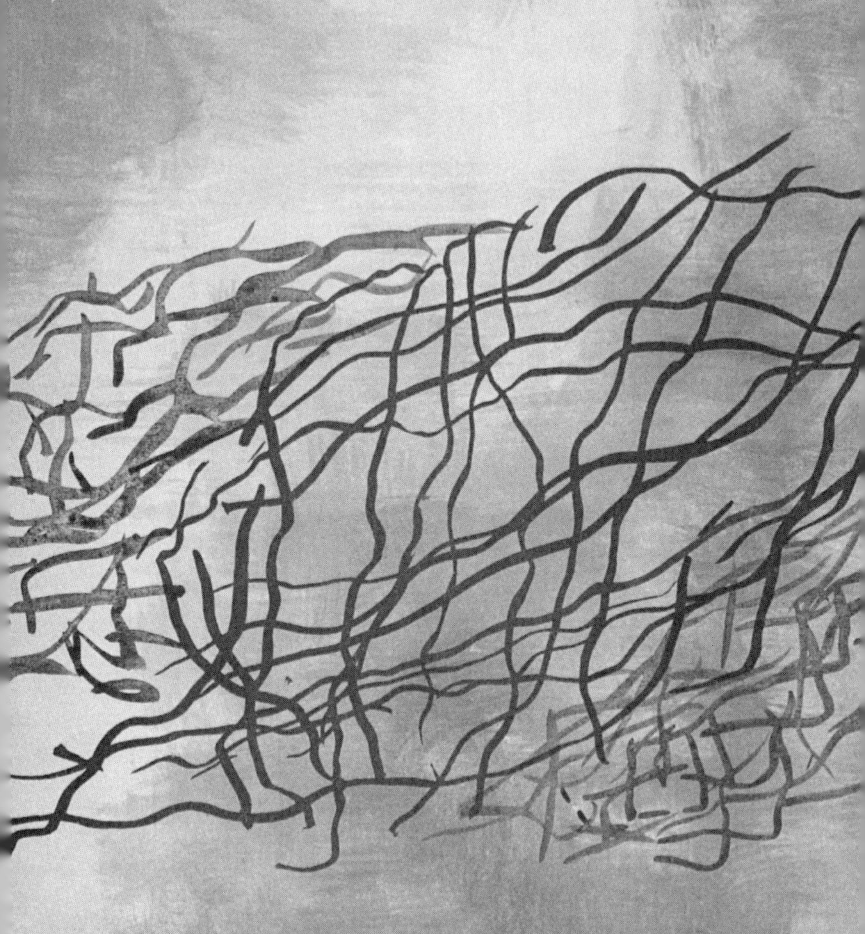

Altern als Lebenskunst

Das Leben führen

Leben ist ein Entwicklungsprozess, der nicht einfach nach vorgegebenem Plan abläuft, sondern plastisch ist, das heisst individuell gestaltet werden kann. In solcher Lebensgestaltung manifestiert sich eine grundlegende Tendenz des Psychisch-Mentalen zur Selbstaktualisierung, das heisst eine Tendenz zur Verwirklichung vorhandener Potenziale mit dem Ziel, ein authentisches Selbst zu werden. Wo Menschen diese Möglichkeit der Selbstgestaltung bewusst wahrnehmen, lassen sie Leben nicht einfach geschehen, wie es gerade so kommt, sondern sie *führen* ein Leben in der Absicht, dass der Vollzug des Lebens zu einem guten, verantwortlich gestalteten Leben wird.[22] Mit den Worten von Ferdinand Fellmann: Es geht um «mehr als ein blosses Dahinleben. Das Leben wird ‹geführt›, und dazu braucht es der Steuermannskunst».[23] Diese besteht in einer bereits seit der Antike diskutierten ethischen Lebenskunst,[24] die sich mit Thomas Rentsch gesprochen der Aufgabe authentischer Lebensführung und der Ausbildung eines selbstbestimmten, ethisch qualifizierten Lebensentwurfs widmet.[25] Das Interesse an der Thematik einer Lebenskunst erfährt seit den letzten Jahrzehnten des 20. Jahrhunderts eine eigentliche

---

22 Dierken, Gelingendes Leben – gelingendes Altern, S. 36.

23 Fellmann, Philosophie der Lebenskunst, S. 34. Nach Wilfried Engemann ist Lebenskunst «Ausdruck angeeigneter Freiheit, die Kunst, nicht nur am Leben zu *sein*, sondern in relativer Autonomie auch ein Leben zu *führen*» (Aneignung der Freiheit, S. 35).

24 Horn, Antike Lebenskunst; Ernst, Philosophie als Lebenskunst. Der stoische Philosoph Epiktet meinte: «Wie Holz ein Gegenstand für den Zimmermann, das Erz für den Bildhauer, so ist das Leben jedes Einzelnen Gegenstand seiner Lebenskunst» (zit. in: Engemann, Die Lebenskunst und das Evangelium, Sp. 875). – Zu den folgenden Ausführungen s. Rüegger, Ars senescendi: Altern im Zeichen von Lebenskunst.

25 Rentsch, Ethik des Alterns, S. 64.67.

Renaissance,[26] wobei der Philosoph Wilhelm Schmid unter Anknüpfung an Michel Foucault ganz wesentlich zu deren Popularisierung beigetragen hat.[27] Fellmann versteht Lebenskunst als eine Art «Protoethik» oder «Haltungsethik», die «im Unterschied zur Handlungsethik den ganzen Menschen in seinem charakterlichen wie sozialen Gebundensein betrachtet».[28]

Lebenskunst des gewöhnlichen Lebens

Lebenskunst sollte dabei nicht missverstanden werden als virtuose Spezialdisziplin für besonders geniale Lebenskünstler und -künstlerinnen. Ihr Thema ist vielmehr die Besinnung aufgrund von Perspektiven einer bewussten, eigenverantwortlichen Lebensführung für ganz normale Menschen, soweit sie bereit sind, sich darauf einzulassen.[29] Denn eigentlich ist es eine Grunderfahrung des Menschseins, dass wir gar nicht darum herumkommen, in unzähligen alltäglichen Situationen zwischen verschiedenen Möglichkeiten zu wählen, uns für die eine oder andere Art des Handelns zu entscheiden, Ziele anzustreben, die uns wünschenswert erscheinen, und in alledem mit unserem Leben ‹etwas zu machen›[30] Entgegen einer zuweilen

---

26 Dohmen, Wider die Gleichgültigkeit, S. 15f.22–40.

27 Schmid, Schönes Leben?; ders., Mit sich selbst befreundet sein; ders., Philosophie der Lebenskunst.

28 Fellmann, Philosophie der Lebenskunst, S. 13f.

29 Otfried Höffe beschliesst sein Buch über eine Lebenskunst des Alterns mit dem lapidaren Satz: «Alterskunst steht jedem Menschen offen» (Die hohe Kunst des Alterns, S. 177).

30 Engemann, Die Lebenskunst und das Evangelium, S. 875.880. Wilfried Engemann versteht unter Lebenskunst «die Kunst, unter vorgegebenen Bedingungen ein nicht vorgegebenes Leben zu führen, indem ich in Auseinandersetzung mit meinen Möglichkeiten und Grenzen einerseits und meinen Wünschen andererseits einen Spielraum erkenne und auf der Basis eigener Urteile freie Entscheidungen treffe, die meinen Willen widerspiegeln und mich in meinem Verhalten bestimmen» (Aneignung der Freiheit, S. 32).

kritisierten elitären Tendenz philosophischer Lebenskunst verstehen sich die hier vorgestellten Überlegungen eher im Sinne der von Günter Gödde und Jörg Zirfas sogenannten «demokratisch orientierten Richtung» einer Lebenskunst des gewöhnlichen Lebens, die Menschen dazu ermutigen will, «mit ihrem Alltag und seinen Banalitäten, […] mit Zufall, Schicksal und Endlichkeit, mit Kontingenz, Unfall, Abhängigkeit und Unveränderlichkeit sowie mit Krankheit, Krise und Entfremdung auf würdige und anmutige Weise fertig zu werden».[31] Dabei können Überlegungen zur Lebenskunst auf eine lange, Kulturen übergreifende Tradition vorakademischer Alltagserfahrungen vieler Generationen zurückgreifen, die von Schriftstellerinnen, Philosophen und Theologinnen festgehalten und reflektiert worden sind.[32] Theologisch wurzelt die Beschäftigung mit Lebenskunst insbesondere in der biblischen Weisheitstradition, wie sie vor allem im Alten Testament in manchen Schriften ihren Niederschlag gefunden hat.[33]

Lebenskunst – auch dies sei gegen ein mögliches Missverständnis betont – hat nicht einfach ein leichtes, im oberflächlichen Sinne ‹erfolgreiches› Leben im Visier. Sie befasst sich nicht bloss mit dem Positiven, Angenehmen im Leben, sondern auch mit dem Unangenehmen, Schmerzlichen, mit den Problemen menschlicher Existenz. Sie will dem Individuum zu einer ‹Selbstmächtigkeit› verhelfen, die es ihm ermöglicht, sein Potenzial zu verwirklichen und einen lebensdienlichen Umgang mit den Chancen wie auch den Herausforderungen des eigenen Lebens zu finden. Lebenskunst als «Ästhetik der Existenz

---

31 Gödde/Zirfas, Kritische Lebenskunst, S. viii.

32 Höffe, Die hohe Kunst des Alterns, S. 174. Dass Lebenskunst nicht nur ein philosophisches, sondern auch ein genuin theologisches Thema ist, betont Wilfried Engemann, Die Lebenskunst und das Evangelium.

33 Die Weisheit taucht im Alten Testament vor allem im Buch der Sprüche, im Buch Jesus Sirach und in der Weisheit Salomos auf.

umfasst auch das Misslingen, entscheidend ist, ob das Leben insgesamt als bejahenswert erscheint».[34]

Die existenzielle Aufforderung, welche Lebenskunst beinhaltet, lautet: Führe dein Leben so, dass sein konstruktives Potenzial im Rahmen gegebener Möglichkeiten und Herausforderungen zur Entfaltung kommt und du zu der Person wirst, die du bist und die du noch werden kannst. Das ist nicht so sehr eine intellektuelle Herausforderung, sondern vielmehr eine Frage der grundsätzlichen Einstellung zum Leben.

Lebenskunst des Alterns und des Alters

Das Konzept der Lebenskunst betrifft das ganze Leben. In neuerer Zeit hat es aber auch explizit Eingang gefunden in den Altersdiskurs, in die Frage danach, was denn ein ‹gutes› oder ‹erfolgreiches› Altern sei.[35] Eine solche Lebenskunst des Alterns (*ars senescendi*) basiert auf der gerontologischen Einsicht, dass der Prozess des Alterns in beträchtlichem Masse plastisch, also gestaltbar und beeinflussbar ist,[36] und dass «das Alter, diese letzte Lebensphase, für das Gelingen des Lebens von besonderer Bedeutung ist. Eben deshalb soll es auch gestaltet werden, so dass der Mensch im Altern seinen Weg bewusst zurücklegt und von seinem Leben sagen kann, dass es seines gewesen ist.» In diesem Gestaltungsanspruch «wird das Alter nicht als ein Ereignis gesehen, das einen überkommt, sondern als ‹Akt der Wahl› begriffen»,[37] zu der uns das Leben herausfordert. Es ist

---

34 Schmid, Schönes Leben?, S. 177.

35 Exemplarisch dafür: Rüegger, Pro Aging; ders., Anti-Aging und Menschenwürde; ders., Ars senescendi: Gelingendes Altern als Lebenskunst; Schmid, Gelassenheit; Grün, Gelassen älter werden; Brenner, Altern als Lebenskunst. Zum gerontologischen Konzept des erfolgreichen Alterns (*successful aging*) vgl. Pfaller/Schweda, ‹Successful Aging?›.

36 Singer/Lindenberger, Plastizität.

37 Brenner, Altern als Lebenskunst, S. 12f.

zwar zweifellos so, dass man von allein alt wird; alt zu werden ist ein Widerfahrnis. Aber wie man alt wird, ob man mehr oder weniger erfüllt und in einem Prozess der Reifung alt wird, hängt durchaus von einem selbst ab. Darum ist es, wie Anselm Grün zu Recht betont, «eine hohe Kunst, in guter Weise älter zu werden». Und diese Kunst braucht Übung.[38]

Das Konzept einer Lebenskunst des Alterns steht im Gegensatz zum heutigen Megatrend des *Anti-Aging*. So schillernd und vielfältig die Phänomene sind, die sich unter diesem Label präsentieren, sie haben dies gemeinsam, dass sie Altern als etwas Pathologisches ansehen, das – wenn es denn nach dem gegenwärtigen Stand der Forschung noch nicht verhindert und überwunden werden kann – präventiv und therapeutisch zu bekämpfen ist mit dem Ziel, den Alternsprozess hinauszuzögern, zu verlangsamen oder sogar ein Stück weit umzukehren.[39] Demgegenüber setzt eine gerontologisch fundierte Lebenskunst des Alterns bewusst auf einen Ansatz des *Pro-Aging*,[40] der Altern als fundamentalen, zum Leben gehörenden Entwicklungsprozess und Alter als Lebensphase mit einer eigenen Bedeutung versteht, die bewusst zu gestalten und zu durchleben, also zu bejahen sind.

Theologische und philosophische Lebenskunst

Lebenskunst ist, so haben wir bereits gesehen, ein Thema der Philosophie und der Theologie. Beide Disziplinen beschäftigen sich mit der Frage, wie Menschen ihr Leben sinnvoll, ihren Möglichkeiten und ihrer Bestimmung entsprechend entfalten

---

38 Grün, Die hohe Kunst des Älterwerdens, S. 9.

39 Der Hinweis von Hans-Werner Wahl und Vera Heyl ist richtig, dass der Anti-Aging Begriff «ein altersdiskriminierendes Element [hat], eine Ablehnung von Alter, Altern und alten Menschen» (Gerontologie, S. 16).

40 Rüegger, Pro Aging.

können. So stellt sich die Frage, ob sich eine philosophisch orientierte und eine theologisch geprägte Lebenskunst des Alter(n)s inhaltlich voneinander unterscheiden. Ich stimme Wilfried Engemann zu, dass dem über weite Strecken nicht so ist. «Was es im Blick auf ein Leben im Einzelnen zu können gilt, wird weitgehend durch den ‹Stoff des Lebens› selbst vorgegeben. Christen müssen nicht *etwas ganz anderes* können, um ihr Leben zu führen.»[41] Sie müssen wie alle anderen Menschen im Alter Beziehungen gestalten, in unübersichtlichen Situationen Entscheidungen fällen, ihre Ressourcen sinnvoll und auf befriedigende Weise einsetzen, sich mit gesundheitlichen Problemen auseinandersetzen, Trauerprozesse durchleben und sich mit der Realität des Sterbens auseinandersetzen. Das sind alles elementar menschliche Prozesse, die zwar durch theologische Einsichten und spirituelle Einstellungen geprägt und unterstützt werden können, die sich deswegen aber nicht grundsätzlich von allgemein menschlichen Herausforderungen unterscheiden müssen. Es kann deshalb «gerade nicht um eine christliche Sonderkunst gehen, die nur innerhalb von Kirche und Gemeinde oder in einer virtuellen Sonderwelt funktioniert [...]. Deshalb ist bezüglich der Techniken, mit denen Lebenskunst erworben und praktiziert wird, über das ‹christliche Repertoire› hinaus nach einschlägigen Kunstregeln zu fragen, die generell zur Lebenskunst gehören.»[42] Dem entspricht die Beobachtung, dass schon die weisheitliche Lebenskunst des Alten Testaments und der Apokryphen interreligiös und interkulturell ausgerichtet ist als Teil einer umfassenden Diskussion über Lebenskunst im Altertum, also nicht an der Profilierung einer israelitisch-jüdischen Sonderkunst interessiert war.[43]

---

41 Engemann, Die Lebenskunst und das Evangelium, Sp. 891.

42 Ebd.

43 Burbach, Weisheit und Lebenskunst, S. 18f.; Engemann, Die Lebenskunst und das Evangelium, Sp. 877.

Das Alter(n) bejahen

Pro-Aging

Die Basis einer Lebenskunst des Alterns ist – theologisch wie philosophisch – eine Grundhaltung des Pro-Aging. Sie zu entwickeln bedeutet, den Prozess des Alterns und das Alter als Lebensphase existenziell zu bejahen. Das klingt banal, stellt aber für viele Zeitgenossinnen und Zeitgenossen eine Herausforderung dar, die nicht zu unterschätzen ist. Das zeigt sich bereits schon an der Beobachtung, dass die meisten Menschen über 40 lieber jünger wären, sich jünger schätzen und sich gerne auch jünger geben, als sie es im kalendarischen Sinne faktisch sind. Die Schriftstellerin Monika Maron spricht wohl stellvertretend für viele, wenn sie bekennt: «Natürlich will ich, was alle wollen: Ich will lange leben; und natürlich will ich nicht, was alle nicht wollen: Ich will nicht alt werden. [...] Ich würde ... auf das Alter lieber verzichten. Einmal bis fünfundvierzig und ab dann pendeln zwischen Mitte Dreissig, früher ist nicht nötig, und Mitte Vierzig, bis die Jahre abgelaufen sind: So hätte ich die mir zustehende Zeit gern in Anspruch genommen.»[44] Jung bleiben ist das Ideal – nur nicht alt werden, so verkündet es der Slogan der Anti-Aging-Philosophie (‹*forever young*›) von unzähligen Buchtiteln.[45] Jörg Dierken trifft einen wesentlichen Punkt, wenn er zu bedenken gibt, dass Altern in westlichen Gesellschaften «zumeist dadurch in eine Gelingensperspektive gerückt wird, dass es durch lebenskluge Aktivität insbesondere für Gesundheit und soziale Einbettung, hinausgeschoben werden soll. ‹Gelingen› scheint in einer wesentlichen Hinsicht auf Verhinderung von Altern hinauszulaufen. Zentrale Merkmale sollen gerade nicht oder möglichst spät in Erscheinung

---

44 Maron, Ich will, was alle wollen, S. 22.26.

45 Für einen knappen Überblick über das Thema Anti-Aging vgl. Schweda/Schicktanz, ‹Anti-Aging›.

treten.»[46] Jan Baars spricht von einer heute weit verbreiteten «culture of aging as staying young».[47]

Alter als Lebensphase mit eigenem Wert

Demgegenüber basiert eine Lebenskunst des Alterns auf einer Haltung, die Altern gerade nicht zu verhindern trachtet, sondern akzeptiert und – in ihren positiven wie negativen Aspekten – zu gestalten versucht. Einer, der eine solche Haltung lange vor dem Aufbruch der modernen Gerontologie vertreten hat, ist Hermann Hesse. Er war überzeugt: «Um als Alter seinen Sinn zu erfüllen und seiner Aufgabe gerecht zu werden, muss man mit dem Alter und allem, was es mit sich bringt, einverstanden sein. Man muss Ja dazu sagen. Ohne dieses Ja geht uns der Wert und Sinn unsrer Tage verloren.»[48] Mit dem Alter «einverstanden sein» und «Ja dazu sagen» heisst nicht, alles gut und erfreulich finden, was das Alter mit sich bringt. Das käme einem fragwürdigen Schönreden des Alters gleich. Gemeint ist damit vielmehr, den Prozess des Alterns nicht zu verdrängen, ihn zuzulassen und existenziell nachzuvollziehen in der Bereitschaft, sich auf seine Chancen wie auf seine Herausforderungen einzulassen. Dies wiederum setzt ein Verständnis von Alter voraus, das dieses als Lebensphase eigenen Werts und eigener Bedeutung, als Lebensstufe mit eigenen Qualitäten versteht. Um nochmals Hermann Hesse zu zitieren: «Das Altwerden

---

46 Dierken, Gelingendes Leben – gelingendes Altern, S. 35. Gunda Schneider-Flume bemerkt pointiert: «Jedes sichtbare Anzeichen von Alterung ist angstbesetzt. Darauf beruht der Erfolg einer ganzen Industrie für Anti-Aging-Produkte» (Alter – Schicksal oder Gnade?, S. 41).

47 Baars, Aging and the Art of Living, S. 57. Romano Guardini war der Meinung, «es gehöre zu den fragwürdigsten Erscheinungen unserer Zeit, dass sie wertvolles Leben einfachhin mit Jungsein gleichsetzt» (Die Lebensalter, S. 55).

48 Hesse, Eigensinn, S. 203.

ist ja nicht bloss ein Abbauen und Hinwelken, es hat, wie jede Lebensstufe, seine eigenen Werte, seinen eigenen Zauber, seine eigene Weisheit, seine eigene Trauer […]. Wir wollen uns nicht aufschwatzen lassen, das Alter sei nichts wert.»[49] Es gilt vielmehr, es grundsätzlich zu bejahen und als etwas Wertvolles verantwortlich zu gestalten. Andreas Kubik ist zuzustimmen: «Die Fähigkeit, ein Ja zu sich (und zum eigenen Alter, H. R.) zu sagen oder … in ein über sich gesprochenes Ja einzustimmen und dies Ja auch über das eigene Ende erstreckt zu wissen, dürfte ein wichtiger, wenn nicht notwendiger Bestandteil von Konstrukten gelingenden Alter(n)s sein»[50] – in philosophischer wie theologischer Perspektive.

Lernen, alt zu werden

Nun hat Otfried Höffe zweifellos recht, dass das Altwerden den meisten Menschen in der Regel nicht gerade leichtfällt – gerade in einer Zeit und Gesellschaft wie der unseren, die so ausgeprägt an Werten des mittleren Erwachsenenlebens orientiert ist. Er weist darum darauf hin, dass man das Altwerden lernen muss, und zwar nicht theoretisch, sondern lebenspraktisch, nämlich durch Einüben.[51] Das ist ein wesentlicher Aspekt einer Lebenskunst des Alterns: Sie ist Selbstbesinnung auf Möglichkeiten eines guten, sinnvollen, lebensfreundlichen Alterns mit dem Ziel, diese durch konkrete, alltägliche Lebenspraxis umzusetzen und zu erproben. Also keine abstrakte philosophische oder theologische Theorie steht im Fokus einer Lebenskunst

---

49 Hesse, Mit der Reife wird man immer jünger, S. 54.

50 Kubik, Konstrukte gelingenden Alter(n)s, S. 21.

51 Höffe, Ethik, S. 140. Was für eine Lebenskunst des Alters gilt, trifft nach Wilfried Engemann auf das Leben generell zu: «Leben will gelehrt sein. Es wird nicht nur geschenkt; und soweit es Geschenk ist, versteht sich sein ‹Gebrauch› nicht von selbst», sondern ruft nach den Einsichten einer reflektierten Lebenskunst (Die Lebenskunst und das Evangelium, Sp. 876).

des Alterns, sondern Impulse, die zu einer Lebensführung anregen sollen, die vom Alter und Altern als etwas grundsätzlich zu Bejahendem ausgehen.[52] Aus diesem Grund stehen am Schluss der folgenden Kapitel jeweils unter dem Stichwort «Persönliche Reflexion» ein paar Anregungen, wie das Gesagte vertieft, angeeignet, eingeübt werden könnte.

In der Ethik wird grundsätzlich zwischen zwei Arten ethischen Denkens und Argumentierens unterschieden. Auf der einen Seite steht die *normative Ethik*, die allgemein verbindliche Normen und Prinzipien aufstellt, die zu richtigem Handeln anleiten sollen, etwa im Bereich der Medizin- oder der Umweltethik. Auf der anderen Seite steht eine *Ethik des guten Lebens* (die Rede ist auch von einer eudämonistischen Ethik), die nicht Normen vorschreibt, sondern Optionen der Lebensklugheit formuliert, um ihre Adressatinnen und Adressaten einzuladen, ihr Leben so zu gestalten, dass es möglichst gelingt. Lebenskunst verkörpert diese zweite Art von Ethik. Sie will nicht vorschreiben, was man tun oder wie man leben muss, sondern Hinweise geben, welche Haltungen und Einstellungen dem Leben dienlich sein können. Der österreichische Sozialgerontologe Leopold Rosenmayr ist allerdings der Meinung, für das 21. Jahrhundert, das Jahrhundert der Langlebigkeit, werde die vorausschauende, von individuell ausgeformter Weisheit und Reflexion geleitete Lebensgestaltung im Alter so wichtig, dass sie geradezu als eine Bürgerpflicht angesehen werden müsse[53] – nicht im Sinne eines von aussen auferlegten Zwangs, sondern aus weiser Einsicht in die Bedeutung der Selbstverantwortung für das eigene, immer länger werdende Alter.

---

52 In der antiken Philosophie war die zugleich theoretisch fundierte *und* lebenspraktisch orientierte Frage nach der bewussten, verantwortlichen Gestaltung des eigenen Lebens im Sinne einer Lebenskunst *die* philosophische Frage schlechthin (Engemann, Die Lebenskunst und das Evangelium, Sp. 882).

53 Rosenmayr, Schöpferisch altern, S. vi.

Persönliche Reflexion

- *Fällt es Ihnen leicht, anderen gegenüber offen zu Ihrem Alter zu stehen?*
- *Wie reagieren Sie, wenn andere Ihnen gegenüber – als Kompliment verstanden – versichern, dass man Sie zehn Jahre jünger eingeschätzt hat, als Sie es faktisch sind?*
- *Gibt es Situationen, in denen Sie bewusst das Ja-Sagen zu Ihrem Altern und Ihrem Alter einüben könnten?*

Aspekte einer biblischen Anthropologie

Weisheit als Leitbild klugen, an gelingendem Leben und irdischem Glück orientierten Handelns war zu allen Zeiten und über unterschiedliche Religionen und Kulturen hinweg Quelle von Vorstellungen erstrebenswerter Lebenskunst.[54] Auch heute wird Weisheit landläufig, gerontologisch und theologisch immer wieder mit Alter assoziiert.[55] Weisheit wird dabei als Lebensklugheit verstanden, als erfahrungsbasierte Kompetenz, das Leben so zu führen, dass es fruchtbar erscheint und in einem umfassenden Sinn gelingen kann, ohne seine beschwerlichen Seiten ausblenden zu müssen.

In der christlich-theologischen Tradition führt die Auseinandersetzung mit dem Thema Alter und Lebenskunst unweigerlich auf das biblische Erbe zurück. Im Alten Testament, der hebräischen Bibel, kommt Alter – ganz im Gegensatz zum Neu-

---

54 Burbach, Weisheit und Lebenskunst.

55 Z. B. Kunz, Weisheit.

en Testament – durchaus recht vielfältig zur Sprache,[56] ohne dass aber so etwas wie ein einheitliches, systematisches Verständnis des Alters entfaltet würde[57] – wie aus der biblischen Tradition ganz generell kein einheitliches Menschenbild entwickelt werden kann.[58] Dabei ist das Reden vom Alter in der hebräischen Bibel von einer durchgängigen Ambivalenz geprägt.[59] Nur wenige Menschen dürften im Alten Israel älter als 30 bis 50 Jahre geworden sein.[60] Als alt galt man wohl ab 50 oder 60 Jahren,[61] nach Harris J. Gordon möglicherweise schon

---

56 Der Alttestamentler Christian Frevel konstatiert: «An alttestamentlichen Beiträgen zum Alter herrscht kein Mangel […]. Jedenfalls bleibt man auf den ersten Teil der christlichen Heiligen Schrift verwiesen, wenn man nach Auskünften zur Bewertung des Alters sucht» (‹Du wirst jemanden haben, der dein Herz erfreut und dich im Alter versorgt›, S. 327f.). Zum Folgenden s. Rüegger, Vom Sinn im hohen Alter, S. 59–64.

57 Werren, ‹Ehe die Tage des Übels kommen …›, S. 3. Die Verfasserin macht deutlich: «Obwohl alte und sehr alte Menschen eine Ausnahmeerscheinung darstellten, wird das Thema Alter im Alten Testament im Verhältnis zu seinem tatsächlichen Vorkommen in der Gesellschaft reichlich thematisiert» (Ebd., S. 86).

58 Schneider-Flume, Alter – Schicksal oder Gnade?, S. 25. Christian Frevel hält fest: «*Das* biblische Menschenbild gibt es nicht. Die Aussagen zum Menschen sind weder thematisch stringent noch ergeben sie additiv *ein* Bild. Sie sind nicht umfassend, nicht eindeutig, geschweige denn systematisch reflektiert. […] *Den* biblischen Menschen oder *das* biblische Menschenbild gibt es nicht» (Die Frage nach dem Menschen, S. 191).

59 Martin A. Klopfenstein weist auf durchaus widersprüchliche Erfahrungen und Wertungen des Alten Testaments im Blick auf das Alter hin, die sich nicht einfach auf einen gemeinsamen Nenner bringen lassen (Die Stellung des alten Menschen, S. 261). Diese Ambivalenz ist für die Haltung aller Religionen gegenüber den Phänomenen des Alterns und des Alters bezeichnend. «In allen Religionen wird das Alter sowohl positiv als auch negativ bewertet» (Nielen, Alter und Altern in den Religionen, S. 63).

60 Ernst, Segen – Aufgabe – Einsicht, S. 32; dies., Biblisches Altern als Vorbild?, S. 272.

61 Ebd., S. 215. Nach Kathrin Liess galt im Alten Orient ein Alter von 60 Jahren als Beginn des Greisenalters, wobei dieses Alter wohl nur von wenigen erreichet wurde, während das durchschnittliche Lebensalter der

ab einem Alter von 30 bis 40 Jahren.[62] Nach Psalm 90,10 und 2. Samuel 19,33 gelten 80 Jahre jedenfalls als hohes Alter.[63] Alter kann positiv als etwas Erstrebenswertes, aber auch negativ als etwas Belastendes dargestellt werden.[64]

Alter als Zeichen göttlichen Segens

Die positive Sicht kommt insbesondere in der weisheitlichen Tradition zur Sprache, die im Sinne des sogenannten Tun-Ergehen-Zusammenhangs davon ausgeht, dass eine gottesfürchtige Lebensführung von Gott mit langem Leben belohnt wird. In Sprüche 10,27 heisst es: «Die Furcht des HERRN vermehrt die Lebenstage, die Jahre der Frevler aber werden vermindert»; und nach Sprüche 3,16 hält die Weisheit für die, die ihr folgen, langes Leben in ihrer Hand. Psalm 91,16 wiederum versichert, dass Gott den, der ihm vertraut, mit langem Leben sättigt. Ja, der Gerechte wird auch im Alter noch spriessen wie eine Palme, wird Frucht tragen und saftig und frisch bleiben (Psalm 92,13–15). So gesehen ist ein hohes Alter Zeichen von Gottes Segen und deshalb erwünscht. Stephanie Ernst sieht darin «das am breitesten belegte […] Altersbild des Alten Israel».[65]

---

breiten Bevölkerung zwischen 30 und 40 Jahren gelegen haben dürfte (Kulturen des Alten Orients, S. 40).

62 GORDON, Biblical Perspectives on Aging, S. 58.

63 Jer 6,11 kennt fünf Altersstufen: Kleinkindalter – Jugend – Erwachsenenalter – Alter – hohes Alter. Die Lebensphase des Alters wird also – wie in der heutigen Gerontologie! – in zwei Phasen unterteilt.

64 Zum Nebeneinander von Alterslob und Altersklage im Alten Testament vgl. RIEGER, Zwischen Alterslob und Altersklage.

65 ERNST, Segen – Aufgabe – Einsicht, S. 234. Allerdings relativiert die apokryphe Weisheit Salomos: «Ein ehrenvolles Alter muss nicht lange währen und wird nicht nach der Zahl der Jahre gemessen; Einsicht ist für die Menschen das wahre graue Haar und ein unbeflecktes Leben das wahre Greisenalter» (Weish 4,8f.).

Alt und lebenssatt werden

Charakteristisch für diese Idealvorstellung des Alters sind Redewendungen wie die, dass jemand «alt und lebenssatt» gestorben sei[66] oder dass er «in schönem Alter» sein Leben beenden konnte.[67] Der Sinn eines hohen Alters liegt also gerade darin, Lebenshunger zu stillen und durch das lange Leben und seine vielfältigen Segnungen gesättigt zu werden wie durch ein köstliches Mahl in der Abfolge seiner verschiedenen Gänge. Allerdings weist das alttestamentliche Buch des Predigers Kohelet darauf hin, dass ein langes Leben sinnlos ist, wenn es einem nicht gelingt, das Gute, das einem im Leben zuteilwird, auszukosten und Wohltuendes wirklich zu geniessen: «Wenn ein Mann hundert Kinder zeugte und viele Jahre lebte und ein hohes Alter erreichte, sich aber nicht sättigen könnte von seinem Gut […], sage ich: Die Fehlgeburt hat es besser als er. […] Und wenn einer zweimal tausend Jahre gelebt, aber nicht Gutes genossen hätte – gehen nicht alle an denselben Ort?» (Kohelet 6,3.6) Die Fähigkeit, das Gute im Leben auszukosten, wird also zum Kriterium der Sinnhaftigkeit eines langen Lebens.[68] Man kann im Entwickeln dieser Fähigkeit eine Einstellung zum Leben sehen, die es im alten Israel im Sinne einer Lebenskunst einzuüben und zu praktizieren galt.

---

66 Dies wird im Alten Testament allerdings nur von fünf vorbildhaften Personen erzählt: von Abraham (Gen 15,15; 25,8), von Isaak (Gen 35,29), von David (1Chr 23,1; 29,28), von Hiob (Hiob 42,17) und von Jojada (2Chr 24,15).

67 So etwa bei Abraham (Gen 25,8).

68 Nach Christian Frevel «war alt und lebenssatt zu sterben für den alttestamentlichen Menschen nicht erwartbar, sondern aussergewöhnlich» (‹Du wirst jemanden haben, der dein Herz erfreut und dich im Alter versorgt›, S. 341). Auch Thomas Staubli und Silvia Schroer halten fest, dass ein lebenssatter Tod in der Antike ein rares Gut gewesen sein dürfte (Menschenbilder der Bibel, S. 533).

Dasselbe galt für das Führen eines gottgefälligen, an Gottes Geboten ausgerichteten Lebenswandels. Im Unterschied zu heutigen Vorstellungen war die Überzeugung allerdings, dass es Gott ist, der Menschen durch seinen Segen mit langem Leben und hohem Alter belohnt. Und wie eine hilfreiche Lebensführung im Alter auszusehen hat, war in der damaligen Zeit durch religiöse Gebote und soziale Tugenden (z. B. Weisheit, Fähigkeit zu besonnenem Urteilen, Vermitteln der Tradition an nachfolgende Generationen) weitgehend vorgegeben. Die uns heute leitende säkulare Vorstellung, dass Lebenskunst durch eigene menschliche Einstellungen und entsprechendes Handeln zu einem langen und erfüllten Leben führen kann, war so natürlich nicht vorhanden.

Altersweisheit

Mit langem Leben und hohem Alter assoziiert das Alte Testament auch Reife, Lebenserfahrung und Weisheit. Nach Hiob 12,12 gilt in Israel die Regel, dass bei Greisen Weisheit zu finden ist und dass ein langes Leben Einsicht bringt, eine Regel, die Hiob allerdings in ihrer grundsätzlichen Gültigkeit bestreitet.[69] Aber im Idealfall galt in Israel, was Jesus Sirach betont: «Wie gut steht Hochbetagten rechtes Urteil an und den Alten, Rat zu wissen. Wie gut steht Hochbetagten Weisheit an, wür-

---

69 Vgl. Koh 4,13; Ps 119,100. Kathrin Liess, Kulturen des Alten Orients, S. 45f. weist auf eine im Alten Testament durchaus feststellbare Relativierung des Zusammenhangs von Alter und Weisheit hin, die sie auf geistes- und sozialgeschichtliche Veränderungen in spätnachexilischer Zeit zurückführt. Im Buch der Weisheit Salomos (4,8f.) wird postuliert, dass Weisheit und Alterswürde durchaus auch jüngeren Menschen zukommen können. Und in Koh 4,13 heisst es in kritisch-relativierender Absicht: «Besser ein Kind, arm aber weise, als ein König, alt aber töricht, der nicht mehr die Einsicht hat, sich warnen zu lassen.»

digen Männern Überlegung und Rat. Ein Ehrenkranz der Alten ist reiche Erfahrung, ihr Ruhm ist die Gottesfurcht» (25,4–6).

Weil alten Menschen Weisheit und Urteilskraft zugestanden wird, hat auch das Ältestenamt Gewicht, das als Orientierung gebende und in Konflikten Recht sprechende Grösse eine wichtige Verantwortung für das Gemeinwesen verkörpert.[70] Leviticus 19,32 schärft generell Respekt vor alten Menschen ein.

Segen weitergeben

Eine wichtige Funktion alter Menschen, wie sie etwa in den alten Vätererzählungen des Alten Testaments geschildert wird, besteht darin, Segen weiterzugeben. Bevor das Oberhaupt der Familie stirbt, segnet es die nachfolgende Generation – in den ältesten Erzählungen den (vermeintlich) erstgeborenen Sohn (so etwa in Genesis 27, wo Isaak Jakob segnet), in anderen Erzählungen alle Söhne (so in Genesis 49,28, wo Jakob seine zwölf Söhne segnet). Segnen meint in diesem Kontext vom Vater an die nächste Generation weitergegebene Lebenskraft, Kraft der Fruchtbarkeit und des Gedeihens. Sie wird verdichtet im Akt des Segnens gerade dann weitergegeben, wenn die alte, Segen spendende Person selbst diese Lebenskraft verliert und dem nahenden Tod entgegengeht. Segnen, anderen Gutes zusprechen und ihnen Lebenskraft in irgendeiner Form vermitteln, ist bis heute eine Form von spiritueller Generativität, also von Bedeutsam-Sein für andere, die im Alter besondere Bedeutung annehmen kann.[71]

---

70 LINTNER, Im Endlichen nicht begrenzt, S. 403. Zur generellen Bedeutung des Ältestenamtes vgl. STAUBLI/SCHROER, Menschenbilder der Bibel, S. 533f.

71 Nach Anselm GRÜN ist es «der Sinn des Alters, zum Segen für andere zu werden» (Die hohe Kunst des Älterwerdens, S. 22).

Langlebigkeit in mythischen Vorstellungen

Langlebigkeit bzw. hohes Alter als Zeichen von Gottes Segen kommt in der hebräischen Bibel auch in legendarisch-mythischen Aussagen über die heilvollen Anfänge der Menschheitsgeschichte einerseits und über eine erhoffte endzeitliche Heilszeit auf einer neuen Erde anderseits zur Sprache. Erstere konzentrieren sich auf die beiden genealogischen Kapitel Genesis 5 und 11, in denen den Urvätern extrem hohe Lebensalter zugeschrieben werden: von den 148 Jahren eines Nahor (Genesis 11,24) bis zu den 969 Jahren eines Metuschelach (Genesis 5,27), der im Deutschen als Methusalem zum sprichwörtlichen Repräsentanten eines extrem hochaltrigen Menschen mit einem ‹biblischen Alter› geworden ist.[72] Letztere werden v. a. in der jesajanischen Ankündigung einer kommenden Heilszeit (Jesaja 65,20) greifbar, in der es keinen Greis geben soll, dem es nicht vergönnt sein wird, sein Leben in hohem Alter zu vollenden, und in der jeder, der 100-jährig stirbt, als ein bereits in jungen Jahren Verstorbener gelten wird. Diese symbolisch zu deutenden hohen Lebensalter unterstreichen noch einmal, dass langes Leben im Alten Israel grundsätzlich als etwas Gutes, Heilvolles und als Gabe Gottes betrachtet wurde.[73] Als absolute

---

72 Es ist auffallend, dass sich diese biblischen Angaben zu hohem Lebensalter geradezu bescheiden ausnehmen, wenn man sie etwa mit der sumerischen Königsliste vergleicht, die frühen babylonischen Königen Regierungszeiten von bis zu 36 000 (Variante: 72 000) Jahren zuschreibt (Edzard, Geschichte Mesopotamiens, S. 38–42)! Dabei ist der Einfluss dieses mesopotamischen Motivs auf die biblischen Erzväter-Genealogien nicht von der Hand zu weisen.

73 «Altwerden ist kein Wert an sich, doch in Würde zu altern, zu sehen, wie die nächste Generation heranwächst, wie die eigene Arbeit Früchte zeitigt, durch Erfahrungswissen Klarheit in einigen Dingen zu gewinnen und demütig zu werden angesichts vieler offener Fragen, als alter und vielleicht weiser Mensch anderen eine Freude, Ermutigung oder Hilfe zu sein – das und vieles mehr kann ein Menschenleben vollkommen machen. Aus diesen Gründen wünschte man sich sehr wohl ein hohes Alter» (Staubli/Schroer, Menschenbilder der Bibel, S. 532).

Obergrenze menschlich möglicher Lebenserwartung wird das Alter von 120 Jahren genannt (Genesis 6,3).

Die negativen Seiten des Alters

Die negative Sicht des Alters kommt in manchen erzählenden Texten zur Sprache, in denen eine Vielfalt degenerativer Veränderungen physischer und kognitiver Art als Folge zunehmenden biologischen Alters beschrieben werden.[74] Am eindrücklichsten und ausführlichsten geschieht dies in dem allegorischen Gedicht in Kohelet 12,1–8, das physiologische und auf die Sinne bezogene Begleiterscheinungen des hohen Alters beschreibt als Kennzeichen einer Lebensphase, die charakterisiert ist durch «schlechte Tage» und «Jahre, von denen du sagen wirst: Sie gefallen mir nicht» (Kohelet 12,1).[75] Ähnlich tönt es in der Begründung des 80-jährigen Barsillai für seinen Entschluss, König Davids Angebot abzulehnen, seinen Lebensabend am königlichen Hof in Jerusalem zu verbringen. Er könnte das angenehme Leben dort aufgrund von Altersbeschwerden nicht mehr geniessen und würde David nur noch zur Last fallen (2. Samuel 19,32–40).

---

74 Vgl. die ausführliche Zusammenstellung in Ernst, Segen – Aufgabe – Einsicht, S. 216–219.222–225.

75 Vgl. hierzu Werren, ‹Ehe die Tage des Übels kommen …›. Es handelt sich hier um die einzige Stelle in der Bibel, an welcher zusammenhängend eigens über das Alter nachgedacht wird (S. 7). Für die hier zutage tretende pessimistische Sicht des Alters gilt: «Das wesentliche Kennzeichen fortschreitenden Alters ist die zunehmende Schwäche» (Wolff, Anthropologie des Alten Testaments, S. 183). Ähnlich ist auch die Stimmungslage von Ps 71, dem einzigen Psalm, der als Klagelied bzw. Bittgebet eines alten Menschen formuliert ist: «Verwirf mich nicht in der Zeit des Alters, wenn meine Kraft schwindet, verlass mich nicht. […] Auch bis ins hohe Alter, Gott, verlass mich nicht» (Ps 71,9.18).

Neues Testament

Im Neuen Testament ist, wie bereits angedeutet, Alter kein Thema. Der Fokus ist ganz auf die Möglichkeit einer Umkehr, eines geistlichen Neuanfangs und eines Lebens aus der Kraft des göttlichen Geistes gerichtet, und diese sind, wie etwa die Erzählung von Nikodemus in Johannes 3,1–8 deutlich macht, an keine äusserlichen Bedingungen gebunden, schon gar nicht an ein bestimmtes Lebensalter.[76] Und bei Paulus meint die Rede vom «alten Menschen» nicht einen Menschen in fortgeschrittenem Alter, sondern die menschliche Existenz vor ihrer Hinwendung zum Glauben, die nach Paulus von der Sünde bestimmt ist und in der Taufe ein für alle Mal überwunden werden soll (Römer 6,6), um einem Leben als neue Schöpfung im Geiste Christi Platz zu machen (2. Korinther 5,17), was völlig unabhängig von einem bestimmten Lebensalter ist. Denn jedes Lebensalter ist gleich unmittelbar zu Gott – spirituelle Erfahrungen sind nach dieser Sichtweise grundsätzlich altersunabhängig.

Damit ist nicht bestritten, dass im frühen Christentum eine ausgeprägte Hochschätzung alter Menschen feststellbar ist.[77] Aber dem Alter wird nirgends eine eigene Bedeutung beigemessen. Auch tritt nirgends die Aufgabe in den Blick, das Alter als spezielle Lebensphase eigenverantwortlich zu gestalten. Dass angesichts des relativ frühen Todes von Jesus das Alter kein Thema wurde, ist nachvollziehbar, hat aber Kurt Marti zu Recht zur Frage veranlasst: «In welche Richtung hätte sich das Denken und Lehren des Nazareners verändert, wenn er 90 Jahre alt geworden wäre? Müssige Frage, ich weiss.»[78]

---

76 Kirchenamt der EKD, Im Alter neu werden können, S. 38.

77 Reinmuth, Die kulturelle Konstruktion des Alters, S. 153f.

78 Marti, Heilige Vergänglichkeit, S. 20.

Die Tradition neu interpretieren

Heute stehen wir vor einer menschheitsgeschichtlich neuen Situation: Die demografische Entwicklung hat die durchschnittliche Lebenserwartung rasant ansteigen lassen, das Alter hat sich zu einer eigenen, in der Regel langen Lebensphase gedehnt. Damit stellt sich mit neuer Dringlichkeit die Frage, wie das Alter denn aus der Sicht des christlichen Glaubens zu verstehen sei beziehungsweise was für Grundperspektiven und Grundhaltungen sich aus einer christlichen Spiritualität für die Gestaltung der Lebensphase Alter erschliessen. Es gilt, die bisherige Tradition neu zu interpretieren und Akzente mitunter auch anders zu setzen.

Dabei ist nicht davon auszugehen, dass es eine ganz eigene, auf das Alter bezogene christliche Glaubenshaltung gibt. Vielmehr ist nach christlichen Einsichten und Haltungen zu fragen, die für das menschliche Leben insgesamt von zentraler Bedeutung sind, die im Alter aber eine besondere Zuspitzung erfahren, weil sie Aspekte fokussieren, die das fortschreitende Alter besonders charakterisieren. Dies entspricht der gerontologischen Einsicht des Philosophen Thomas Rentsch, demzufolge Leben grundsätzlich altern heisst[79] und Alter so etwas wie «eine Radikalisierung der menschlichen Grundsituation» darstellt.[80]

---

79 Rentsch, Kultur humanen Alterns, S. 257.267.

80 Ebd., S. 262.

Persönliche Reflexion

- *Ist Langlebigkeit für Sie überhaupt erstrebenswert, wenn sie mit einiger Wahrscheinlichkeit in Situationen führt, von denen man sagen muss: Sie gefallen mir nicht (Kohelet 12,1)?*
- *Wenn die Fähigkeit, das Gute im Leben auszukosten, Voraussetzung für den Sinn eines langen Lebens ist (Kohelet 6,3.6), wie kann man diese Fähigkeit einüben?*
- *Wie könnte das Motiv, im Alter Segen weiterzugeben, in einem heutigen Kontext praktiziert werden?*

Die Würde des Alters

Würde als Gabe und Aufgabe

Nach christlich-theologischem Verständnis gründet in dem Ja Gottes als des Schöpfers allen Lebens eine Würde, die jedem Menschen eigen ist. Diese Würde vermittelnde Bejahung durch Gott, die in der christlichen Tradition herkömmlicherweise mit dem Konzept der Gottebenbildlichkeit des Menschen (Genesis 1,27) begründet wird,[81] ist unabhängig von irgendwelchen Fähigkeiten oder Leistungen, unabhängig vom Ausmass, in dem es einem Menschen zum Beispiel im Alter (noch) gelingt, sein Potenzial zu realisieren.[82] Sie ist allein darin begründet,

---

81 Zum Verständnis der beiden Hauptbelege Gen 1,27 und Ps 8 vgl. Werren, Würde und Demenz, S. 66–75.

82 Sechster Bericht zur Lage der älteren Generation in der Bundesrepublik Deutschland, S. 215.

dass Gott den Menschen als sein personales Gegenüber geschaffen hat. In diesem Handeln Gottes, durch das er den Menschen mit geradezu königlicher Ehre versieht, liegt die Würde des Menschen, nicht in irgendwelchen Fähigkeiten oder erst zu erbringenden Leistungen des Menschen selbst. In Psalm 8 staunt der Psalmist: «Herr, du hast ihn [den Menschen] wenig geringer gemacht als Gott, mit Ehre und Hoheit hast du ihn gekrönt. Du hast ihn zum Herrscher gesetzt über die Werke deiner Hände, alles hast du ihm unter die Füsse gelegt.» (V. 6f.) In dieser Aussage wird deutlich, dass die dem Menschen verliehene Würde einerseits und vor allem eine *Gabe* ist, dass sie aber zugleich eine *Aufgabe*, einen *Auftrag* impliziert: diese Würde in weltlichem Handeln und in alltäglichem Lebensvollzug zu bewähren (so kann die Metapher des ‹Herrschens› in diesem Psalmvers interpretiert werden).[83]

Unverlierbare (Menschen-)Würde

Die menschliche Würde ist also in dieser biblisch-theologischen Perspektive geschenkte, nicht selbst zu erringende, damit aber auch unverlierbare Würde. Sie zeichnet das Menschsein in seiner ganzen Spannbreite von Jugend und Alter, von Kraft und Schwäche, von Potenzial und Verletzlichkeit aus, die es schützt und mit dem Anspruch versieht, mit Respekt behandelt zu werden. Sie ist insofern – modern ausgedrückt: als Menschenwürde – keine besondere Auszeichnung des Alters. Wohl aber ist aus christlicher Sicht darauf zu insistieren, dass Menschen auch in Situationen hochaltriger Gebrechlichkeit, wenn etwa eine Demenz oder Multimorbidität ihr Leben bestimmt, diese

---

83 Meireis, Würde ist mehr als ein Wort …, S. 36. Dominik A. Becker spricht von einem «Gestaltungsauftrag» der Würde (Sein in der Begegnung, S. 213). Zu diesem Zusammenhang generell vgl. Frevel, Gottesbildlichkeit und Menschenwürde.

ihnen von Gott zugesprochene Würde und den damit gegebenen Anspruch auf Respekt nicht verlieren. Insofern hat Eberhard Jüngel recht, wenn er den alten Menschen gerade auch in seiner Vulnerabilität, auch in Situationen, in denen er in mancherlei Hinsicht primär Nehmender, Empfangender ist, als Repräsentant der Menschenwürde versteht,[84] einer Würde, die ihm zugesprochen ist, einfach weil er Mensch ist, Geschöpf Gottes und darum in Liebe wertgeachtet und respektiert, auch wenn seine Kräfte und Fähigkeiten abnehmen sollten. Ja, dann vielleicht sogar erst recht, weil das, was besonderen Schutzes bedarf, auch besonderen Respekts bedarf.

Ehr-Würdigkeit: die Würde des Alters

Neben dieser grundsätzlich allen Menschen jeden Alters gleichermassen zukommenden *normativen Menschenwürde* spricht die Tradition allerdings auch von einer spezifischen, *kontingenten Würde des Alters*,[85] das heisst von einer Würde, die man sich mit zunehmendem Alter – jedenfalls im wünschbaren Fall – erwerben kann als Ehre und Auszeichnung eines langen Lebens.[86] Sie ist Ausdruck von im Prozess des Alterns angeeigneter Lebenskompetenz, die einen Menschen befähigt, mit seinem eigenen Leben und Geschick – gerade angesichts von manchen herausfordernden Erfahrungen des Alters – kon-

---

84 Jüngel, Der alte Mensch, S. 320.

85 Zur Unterscheidung zwischen einem normativen, unbedingten, egalitären Würdeverständnis (im Sinne universaler Menschenwürde) und einem kontingenten, an Bedingungen geknüpften, differenzierenden Würdeverständnis (im Sinne von partikularer Ehr-Würdigkeit) vgl. Rüegger Sterben in Würde?, S. 32–36; Meireis, Würde ist mehr als ein Wort …, S. 32; Mathwig, ‹Das ist mein Leib›, S. 61.

86 Andreas Kruse spricht in diesem Zusammenhang von ‹aspirationaler› Würde, die auf individuellem Verhalten oder individuellen Tugenden beruht (Lebensphase hohes Alter, S. 431f.).

struktiv umzugehen und durch seine Lebenserfahrung andern zu einem ermutigenden Vorbild zu werden. Sie meint das, was in der Antike mit Würde (*dignitas*), Autorität (*auctoritas*) und gewichtiger Bedeutung (*gravitas*) bezeichnet und spezifisch mit der Lebensphase des Alters assoziiert wurde. Insofern geht es, «wenn wir von einem ‹Altern in Würde› oder einem ‹würdigen Alter› sprechen, nicht nur um die Menschenwürde, sondern es sind auch kulturell und religiös relative Vorstellungen des guten Lebens und lebensphasenbezogener Tugenden, Pflichten und Güter im Spiel. [...] Solche normativen Vorstellungen eines würdigen Alters sind in der Regel durch partikulare, zuweilen auch bloss konventionelle oder gar instrumentalisierte Vorstellungen des Guten und Angemessenen determiniert und können insofern dann auch ethischer Kritik verfallen.»[87]

Klassischerweise verbinden die unterschiedlichsten Kulturen mit Würde im Alter vor allem das Phänomen der Altersweisheit. Lebensweisheit im Sinne von Altersweisheit ist seit biblischen und hellenistischen Zeiten ein Ziel spiritueller Persönlichkeitsentwicklung, zu dem ermutigt wird. Klassisch dafür ist etwa die alttestamentlich-jüdische Weisheitsliteratur. So lobt etwa Jesus Sirach 25,6–8: «Wie schön ist's, wenn die grauen Häupter urteilen können und die Alten Rat wissen. Wie schön ist bei Greisen Weisheit und bei Angesehenen Überlegung und Rat. Das ist die Krone der Alten, wenn sie viel erfahren haben; und ihre Ehre ist's, wenn sie Gott fürchten.» Durch solche mit zunehmendem Alter zu gewinnende Reife und Weisheit im Sinne von reflektierter Lebenserfahrung und einsichtiger Lebensführung können alte Menschen Generativität entwickeln, also Bedeutung gewinnen für jüngere Generationen und ihnen eine Hilfe und Ermutigung auf dem Weg ihrer eigenen Lebensbewältigung sein.[88] Wo Menschen so altern,

---

87 Meireis, Würde ist mehr als ein Wort ..., S. 32f.

88 Zur Stärkung des subjektiven Würdeempfindens von unheilbar kranken alten Menschen und um sie darin zu unterstützen, ihren Angehörigen

verdienen sie in besonderem Masse Respekt, und wird ihnen eine altersspezifische Würde zuerkannt, die zu achten einer sozialen Gemeinschaft wohl ansteht. In diesem Sinne lässt sich etwa im Blick auf das Alte Testament sagen: «Das Alter war ein Ausweis von Würde und den Alten war mit Respekt zu begegnen.»[89]

Solche kontingente Würde des Alters impliziert allerdings, dass man sein eigenes Alter und den eigenen Prozess des Alterns bejaht, zu seinem Alter steht und sich darum bemüht, das im Alter sich erschliessende Potenzial auf irgendeine Weise zur Entfaltung zu bringen – für sich selbst und zugunsten des grösseren Ganzen.[90] Würdiges Alter ist bewusstes, bejahtes, selbstverantwortlich gestaltetes Alter. Die Theologin und Psychotherapeutin Ingrid Riedel spricht in diesem Zusammenhang von der Herausforderung «einer neuen Stufe der Selbstannahme im Alter», die dazu führen soll, als gereifter Mensch selbstbewusst «in eine neue Würde einzutreten». Sie ist überzeugt: «Wir können nicht warten, bis unsere ganze Gesellschaft das Alter und die Alten wieder würdigt. Mit jeder alten Frau aber, jedem alten Mann, die in diese uralte Würde des Alters, die frühe Kulturen kannten, wieder eintreten und mit ihr auftreten, wächst die Chance, als alte Menschen wieder geachtet zu werden.»[91] Wenn das Alter hingegen «Jugend spielen will», wird es gering geachtet und setzt seine Ehr-Würdigkeit aufs Spiel.[92]

---

im Sinne eines Stücks Lebensweisheit aus dem Rückblick auf das eigene Leben ein Vermächtnis zu hinterlassen, hat der Psychiater Harvey M. Chochinov mit seinem Mitarbeiterteam die sogenannte *Dignity Therapy* (Würdezentrierte Therapie) entwickelt (Chochinov, Würdezentrierte Therapie).

89 Staubli/Schroer, Menschenbilder der Bibel, S. 533. Zum alttestamentlichen Gebot der Altersehrung vgl. Lev 19,32.

90 Rüegger, Ars senescendi: Gelingendes Altern als Lebenskunst.

91 Riedel, Die innere Freiheit des Alterns, S. 86.

92 Hesse, Mit der Reife wird man immer jünger, S. 51.

Würde und Demenz

Wie aber steht es dann mit alten Menschen, die etwa aufgrund einer demenziellen Erkrankung die Fähigkeit einbüssen, ihr Leben im Alter bewusst und selbstverantwortlich zu gestalten? Wer immer wieder mit an Demenz erkrankten Menschen zu tun hat, weiss aus Erfahrung: Es gibt auch von Demenz betroffene Menschen, die ihr Leben auf eindrückliche Weise meistern und noch in ihrer Krankheit eine positive Ausstrahlung haben, die durchaus als eine Form von Alterswürde im kontingenten Sinne bezeichnet werden kann. Wo Menschen aber durch neurodegenerative Krankheitsprozesse immer mehr in sich selbst erstarren oder gar sozial destruktive Persönlichkeitsveränderungen erfahren, kann von Alterswürde im dargelegten Sinn nicht mehr gesprochen werden. In solchen Situationen ist es umso wichtiger, dass den betroffenen Personen von ihrem betreuenden Umfeld – unter Umständen kontra-intuitiv, also entgegen dem, was man gefühlsmässig ihnen gegenüber empfinden mag – eine unverlierbare Menschenwürde attestiert wird und sie in Respektierung solcher Menschenwürde in jeder Situation würdig behandelt werden. Die fundamentale Menschenwürde als normatives Konzept greift tiefer als jede spezifische Würde des Alters und stellt sicher, dass der Anspruch auf Respekt gegenüber alten Menschen auch dort zum Tragen kommt, wo von kontingenter Würde des Alters im Sinne einer Lebenskunst des Alters nicht mehr die Rede sein kann.

Persönliche Reflexion

- *Warum ist es wichtig, neben der Vorstellung einer von gewissen Voraussetzungen abhängigen empirischen Alterswürde an der Vorstellung einer normativen, allen Menschen gleichermassen zukommenden unbedingten Menschenwürde festzuhalten?*
- *Inwiefern verliert das Alter seine Alterswürde, wenn es «Jugend spielen will» (Hermann Hesse)?*
- *Worin kann Ihrer Meinung nach so etwas wie (kontingente) Würde des Alters liegen?*

Ausschöpfen

Leben als Gabe

Leben als Empfangen

Christlicher Glaube versteht Leben als Gabe Gottes, die dann auch zur Aufgabe wird. Aber der Gabe-Charakter ist das Primäre.[93] Menschsein heisst, mit Leben beschenkt sein – ohne Bedingungen. Es heisst, sich einer Quelle oder einem Ursprung ausserhalb des eigenen Lebens zu verdanken. Während die mittlere Lebensphase durch einen starken Akzent auf dem eigenen Tun, auf Aktivität und dem Erfüllen von Aufgaben geprägt ist, kann des Alter, insbesondere das hohe Alter, einen stärkeren Zugang zum Geschenkcharakter des Lebens eröffnen, zu all dem, was einem im Leben zuteilwird oder zuteilgeworden ist, ohne dass man es sich selbst erarbeitet hätte. Leben, nicht nur im Alter, ist nach christlicher Sicht in hohem Masse ein *Empfangen*, ist also durch eine *rezeptive* Grunddynamik bestimmt, und dies sowohl gegenüber Gott als auch gegenüber der Natur und gegenüber anderen Menschen. Als Lebewesen sind wir in einem fundamentalen Sinne Empfangende, Beschenkte. Der Theologe Eberhard Jüngel hat einmal formuliert: «Gott gegenüber ist der Mensch ein Nehmender, insofern er sich selbst von seinem Gott entgegennimmt. […] Nur wer sich selbst von einem anderen empfangen kann, kann sich selbst einem anderen auch hingeben.»[94] Und jemandem, der sich selbst von einem anderen empfangen kann, dürfte es auch leichter fallen, sich selbst und sein eigenes Leben in all seinen verschiedenen Phasen und Facetten anzunehmen und zu bejahen.

---

93 Nach Wolfgang Huber ist es ein Kennzeichen theologischer Ethik, dass sie Leben primär als Gabe und deshalb als etwas Kostbares versteht und nicht einfach als ein durch eigenes Tun zu realisierendes Projekt (Was macht eine theologische Ethik theologisch?, S. 23.25).

94 Jüngel, Der alte Mensch, S. 320.

Eine Kultur wie die unsere, die nach dem Anti-Aging-Motto ‹*Forever young*› primär an Jugendlichkeit orientiert ist, tendiert dazu, Alter als eine Art Schwundstufe vollen Menschseins anzusehen, die es möglichst lange aufzuhalten gilt. ‹Gut› altert dementsprechend, wer möglichst lange ‹jung› bleibt und durch sein Äusseres sowie seinen Lebensstil den Eindruck erweckt, dass er oder sie jünger ist, als es seinem oder ihrem kalendarischen Alter entspricht. ‹Erfolgreiches Altern› (*successful aging*) zeichnet sich nach dieser populären Perspektive durch Verhinderung möglicher Anzeichen des Alters aus.[95] Demgegenüber lädt eine christliche Sicht des Lebens dazu ein, das ganze Leben in all seinen unterschiedlichen Phasen, also auch die Lebensphase des Alters, als Gabe Gottes zu würdigen, die es mit ihren spezifischen Potenzialen zu entfalten und deren Herausforderungen es zu meistern gilt. Zwar dürfte es leichter fallen, das Leben dann als Gabe dankbar anzunehmen und zu feiern, wenn wir gesund, leistungsfähig und im vollen Besitz unserer Kräfte sind. Anspruchsvoller ist es demgegenüber, das Leben auch dann noch als Gabe oder Geschenk zu verstehen, wenn wir es vor allem als Herausforderung, vielleicht gar als Zumutung erleben. Gerade dann wird eine in glaubendem Vertrauen wurzelnde Lebenskunst des Alters jedoch nicht davon ablassen, das Leben in all seinen möglichen Schwächen und Belastungen als etwas Kostbares im Blick zu behalten – und sei es dadurch, dass das Leiden an diesem Leben in Gestalt von Klage zum Ausdruck gebracht wird. Der biblische Psalter enthält

---

95 Giovanni Maio stellt kritisch fest, dass weite Teile der heutigen Gesellschaft eine Einstellung zum Alter haben, die impliziert, «dass ein gutes Altern nur das sein kann, das die Signaturen des Altseins, nämlich das Nachlassen, nicht zulässt». Ziel scheint zu sein, «das Alter früh genug in die eigene Hand zu nehmen, um das Alter selbst zu vermeiden. […] Das Alter soll vermieden werden. Es soll nicht bewältigt oder gemeistert oder gefüllt, sondern vermieden werden» (Vom Sinn des Alters, S. 11). – Zur Diskussion des Konzeptes eines *Successful Aging* vgl. Pfaller/Schweda, ‹Successful Aging?›.

zahlreiche Klagepsalmen, in denen Menschen Gott ihre Not und ihre Verzweiflung am Leben klagen und damit gleichzeitig eine Wende ihres Leidens am Leben einklagen.[96] Es gehört zu den Kennzeichen alttestamentlicher Klagepsalmen, dass sie fast immer in eine Hoffnungsperspektive münden. Der oder die Klagende greift hoffend über die notvolle Situation der Gegenwart hinaus und antizipiert eine künftige Situation, in der die Freude über die gute Gabe des Lebens wieder erfahrbar werden soll.

Dankbarkeit

Aus dem Verständnis von Leben als Gabe ergibt sich eine Haltung der Dankbarkeit. Wer sich durch das Leben als solches beschenkt erfährt, hat Grund, dem Leben auch in fortschreitendem Alter mit Dankbarkeit zu begegnen und sorgfältig mit ihm umzugehen, sodass sich sein Potenzial, seine Güte und Schönheit entfalten können. Solche Sorgfalt nimmt das Leben auch als alterndes ernst und wird darum bemüht sein, es als etwas wertzuschätzen, das nicht selbstverständlich ist, und es in seiner spezifischen Prägung im Alter zu nutzen und zu geniessen. Der Medizinethiker Giovanni Maio ist der Ansicht, dass Altsein in besonderer Weise offen machen kann für «die Grundempfindung der tiefen Dankbarkeit für das, was ist, für das scheinbar Kleinste, was der Mensch kann, das scheinbar Bedeutungsloseste, das ihm begegnet, das scheinbar Geringste, was ihm geschenkt wird – ja, am Ende Dankbarkeit dafür, dass es uns überhaupt gibt.»[97]

Solche Dankbarkeit kann sich auch auf den Rückblick auf das ganze bisher durchlebte Leben beziehen, das im Zeichen geschenkter Fügungen und weitgehend unverdienten Gelin-

96 Schneider-Flume, Alter – Schicksal oder Gnade?, S. 111–117.

97 Maio, Medizin ohne Mass?, S. 158f.

gens wahrgenommen wird. Die Erfahrung mag sich im Alter eher als in jüngeren Jahren erschliessen, dass Leben mit all seinen Möglichkeiten und Geschehnissen weit mehr ist als selbstverantwortete Leistung – nämlich in vielerlei Hinsicht ein Geschenk, eine uns zuteilgewordene und zuteilwerdende Gabe, für die Grund zur Dankbarkeit besteht.

Leben als Gabe kommt in biblischem Denken in der Vorstellung zum Ausdruck, dass das Leben grundsätzlich aus Gottes Hand kommt und in seinen Höhen und Tiefen in Gottes Händen gehalten bleibt. So sagt es etwa der Vertrauenssatz in Psalm 31,16: «In deiner Hand steht mein Geschick.» Der deutsche Ausdruck ‹Geschick› gibt unpräzise wieder, was im Hebräischen wörtlich ‹Zeiten› heisst: Herr, alle meine Zeiten (oder Lebensphasen) stehen in deinen Händen – und sind als Gabe wert, bejaht und mit ihren spezifischen Möglichkeiten und Herausforderungen, Stärken und Schwächen gelebt und ausgeschöpft zu werden – das Alter nicht minder als die jüngeren Lebensphasen, die Zeiten, da die Leichtigkeit des Seins uns erfüllt nicht weniger als die Zeiten, in denen das Leben als Zumutung erfahren wird.

Leben als endliche Gabe

Es gehört zu einem theologischen Verständnis von Leben als Gabe, dass diese Gabe grundsätzlich endlich ist, ein «Vorlaufen zum Tode», wie der Philosoph Martin Heidegger es prägnant formuliert hat.[98] Und Leben als Gabe bedeutet auch, das Leben als etwas zu verstehen, mit dem Menschen eigenverantwortlich umgehen, das sie selber gestalten können. Das ist der Sinn von Lebenskunst. Dazu kann auch gehören, in bestimmten Situationen v. a. im hohen Alter zur Überzeugung zu gelangen, dass das Weiterleben nicht mehr wünschbar ist, dass das Leben zu

---

98 Heidegger, Sein und Zeit, §§ 52f.

einem Leerlauf oder zu einer unerträglichen Zumutung geworden ist. Dann steht es uns frei, das Leben zu beschliessen, auf ein Weiterleben zu verzichten und – wie der schöne alte Begriff es ausdrückt – ‹abzudanken›. Niemand ist moralisch verpflichtet, die Gabe des Lebens so lange wie möglich zu behalten. Menschen sind frei, auch über die Beendigung dieser immer schon endlichen Gabe selber verantwortlich zu entscheiden.

Persönliche Reflexion

– *In welchen Situationen erleben Sie das Leben besonders als geschenkte Gabe?*

– *Vielleicht versuchen Sie einmal, den Verlauf Ihres Lebens im Rückblick bewusst als etwas wahrzunehmen, das Ihnen über alles eigene Tun hinaus als Geschenk zuteilgeworden ist, für das Sie nur dankbar sein können.*

– *Was heisst es für Sie, über das Ende des geschenkten Lebens selbstverantwortlich entscheiden zu können?*

Chancen des Alters: Ressourcen und Potenziale

Leben als Begabtsein

Christlicher Glaube geht davon aus, dass Gottes Geist Menschen mit mancherlei Fähigkeiten begabt. Paulus hat dies in seiner sogenannten Charismenlehre (Römer 12; 1. Korinther 12) eindrücklich im Blick auf das Miteinander der verschiedenen Gemeindeglieder und ihrer unterschiedlichen Charismen (Gaben, Begabungen, Fähigkeiten) in der Kirche entfaltet: Wie an einem Leib jedes Glied eine bestimmte Funktion hat, die für das gesunde Funktionieren des ganzen Leibs wichtig ist, so hat in der Kirche als dem ‹Leib Christi› jedes Mitglied bestimmte Fähigkeiten und Kompetenzen, die zum Wohl des Ganzen gebraucht werden und dem einzelnen Glied seine besondere Funktion und Bedeutung geben. Dieses Motiv kann auch auf die Gesellschaft generell und auf das intergenerationelle Miteinander im Besonderen angewendet werden. Menschen sind Begabte: Sie haben Erfahrungen, Fähigkeiten, Ressourcen, mit denen sie nicht nur ihr eigenes Leben sinnvoll gestalten können, sondern mit denen sie auch einen hilfreichen Beitrag zum Wohl der sozialen Gemeinschaft, an der sie teilhaben, ja, der Gesellschaft insgesamt leisten können. Denn nach der theologischen Perspektive der Charismenlehre kommen Begabungen des Einzelnen erst dort voll zur Entfaltung, wo sie als Beitrag zu einem grösseren Ganzen ausgelebt werden (1. Korinther 12,7).[99]

Für andere nützlich sein

Gegen ein einseitig an Defiziten orientiertes Bild des Alters, das Altern nur als einen Prozess der Minderung von Fähigkeiten versteht, hält eine christliche Perspektive auf das Alter an der gerontologisch unbestrittenen Einsicht fest, dass Menschen auch in fortgeschrittenen Jahren Fähigkeiten besitzen und über Ressourcen verfügen. Diese gilt es einzusetzen, wo-

---

99 Auf die Bedeutung des paulinischen Motivs der Charismen für den Umgang mit eigenen Ressourcen im Alter verweist auch Rainer Scherlein, Älterwerden lernen, S. 314. Der Sechste Bericht zur Lage der älteren Generation in der Bundesrepublik Deutschland weist darauf hin, dass in einer christlichen Perspektive «die konsequente Verwirklichung der eigenen, von Gott geschenkten Gaben und Potenziale geboten ist – im Interesse der eigenen Lebenserhaltung und zugunsten anderer, nicht zuletzt auch im Interesse des Gemeinwohls» (S. 215).

durch sich alte Menschen als für andere bedeutsam erfahren können. Zu solchen Ressourcen des fortgeschrittenen Alters gehören etwa frei verfügbare Zeit, Lebenserfahrung, Sozialkompetenz, fachliche Kompetenzen und Erfahrungen aus langen Jahren der Berufstätigkeit oder der Familien- und Hausarbeit, Geduld im Umgang mit vielleicht unlösbaren Problemen, ein gewisses Mass an Gelassenheit und Abgeklärtheit gegenüber Dingen, die Jüngere umtreiben mögen. Solche Ressourcen in irgendwelchen kulturellen oder sozialen Tätigkeiten einzusetzen, entspricht einem starken Bedürfnis, sich auch im Alter als aktiv, kompetent und bedeutsam zu erfahren. Klassische Möglichkeiten solchen Einsetzens von Ressourcen liegen etwa in zivilgesellschaftlichen Engagements als Freiwillige oder in der innerfamiliären Übernahme von Betreuungsaufgaben gegenüber Grosskindern. Solche Engagements sind nicht nur sozial nützlich und für eine Gesellschaft im demografischen Wandel hin zu immer mehr Älteren und immer weniger Jungen zunehmend unerlässlich, sondern sie fördern durchaus auch das Wohlbefinden derer, die solche freiwillige Arbeit leisten. Darin zeigt sich, dass Menschen ihrem Wesen nach grundsätzlich nicht nur ‹hilfe-bedürftig›, sondern ebenso ‹helfens-bedürftig› sind, um Wohlbefinden im Leben, auch im Alter, zu entwickeln.[100] Der Philosoph Ludwig Hasler betont in seinem Buch über das Alter eindringlich, dass Sinnfindung und Erfüllung im Alter gerade damit zusammenhängen, an etwas mitwirken zu können, das für andere von Bedeutung ist und einen Beitrag zu einer humanen Zukunft darstellt, und sich nicht nur um sich selbst zu drehen. Hasler plädiert dafür, «nach Kräften am

100 Dörner, Leben und sterben, wo ich hingehöre, S. 116. Dem entspricht der Hinweis von Gerhard Sprakties im Blick auf das Leben alter Menschen: «Als besonders schmerzlich wird das Gefühl erlebt, nicht mehr gebraucht zu werden und nicht mehr nützlich zu sein» (S. 15).

Leben teilzunehmen», die eigenen Ressourcen zu nutzen und sinnvoll einzusetzen.[101]

Diese Perspektive ist wichtig, weil nach dem beziehungsökologischen Modell des Zürcher Psychiaters und Psychotherapeuten Jürg Willi das Wesentliche der Selbstverwirklichung in der Entfaltung des eigenen Potenzials liegt, im Gestalten der eigenen Welt. Denn als grundsätzlich dialogische Wesen sind Menschen nicht in sich selbst zentriert, sondern verwirklichen sich im Angesprochen- bzw. Herausgefordertwerden von der Welt und im selbstwirksamen Beantworten dieser Ansprache.[102] Was alte Menschen benötigen, um ein befriedigendes Leben im Alter zu führen, ist deshalb die Möglichkeit, sinnvolle Tätigkeiten auszuüben, die die Anerkennung ihres sozialen Umfelds finden und für andere von Nutzen sind.[103]

Erfahrung von Selbstwirksamkeit und Kompetenz

Gleichzeitig gehört zu den sinnstiftenden Herausforderungen des Lebens auch das Gefordertsein durch Probleme, Konflikte und Spannungen, die es auf konstruktive Weise zu lösen gilt. Wo solche Herausforderungen gemeistert werden, können sich Menschen auch im Alter als selbstwirksam und kompetent erfahren und sich in ihrer Persönlichkeit weiterentwickeln. Jürg Willi hat recht, wenn er pointiert formuliert: «Ruhestand und der Anspruch, es im Alter schön zu haben und ein sorgenfreies Leben zu führen, sind lebensfeindliche Leitvorstellungen, die mit einer gesunden Lebensführung schwer vereinbar sind [...]. Wer sich von Herausforderungen des Lebens dispensiert, ist sozial bereits tot.»[104]

---

101 Hasler, Für ein Alter, das noch was vorhat, S. 11.

102 Willi, Sich im Alter brauchen lassen, S. 92f.

103 Ebd., S. 98.

104 Ebd., S. 107f. Joan M. Erikson schreibt im Blick auf die psychosozia-

Diese Sichtweise deckt sich mit einer spirituellen und theologischen Perspektive, die das individuelle Leben als solches und die mit ihm gegebenen Fähigkeiten und Ressourcen als göttliche Gabe versteht, die die Aufgabe einschliesst, damit etwas Positives und Hilfreiches zu bewirken.

Generativität trotz zunehmender Gebrechlichkeit

Natürlich entsprechen solche Engagements vornehmlich der Lebenssituation von Menschen im jüngeren Alter. Im höheren Alter werden die vorhandenen Ressourcen vermehrt für das Bewältigen der dann oft gegebenen Lebenssituation zunehmender Gebrechlichkeit eingesetzt werden müssen. Altersgenerativität muss aber durchaus nicht in grossen Leistungen bestehen; sie muss sich nicht an Kriterien der Produktivität des mittleren Erwachsenenalters messen. Sie kann sich auch in ganz elementaren Akten ausdrücken: in der Dankbarkeit, mit der empfangene Hilfe entgegengenommen wird; im Interesse am Leben und Ergehen Jüngerer, gerade in dem, was diese anders machen als frühere Generationen; in der Selbstbescheidung, die sich nicht selbst zum Massstab für andere macht, sondern diese ermutigt, ihren eigenen Weg zu gehen; in der spirituellen Praxis der Fürbitte oder des Segnens;[105] in

---

len Herausforderungen des hohen Alters, der von ihr sogenannten neunten Entwicklungsstufe: «When no challenges are offered, a sense of stagnation may well take over … If one should withdraw altogether from generativity, from creativity, from caring for and with others entirely, that would be worse than death» (Erikson, The Life Cycle Completed, S. 112).

105 Pia Gyger, die christliche Zen-Meisterin, schreibt im Blick auf ihre eigene spirituelle Perspektive des Alterns: «Wenn ich … spazieren gehe, dann blicke ich den Menschen, denen ich begegne, in die Augen und lächle sie mit meinem Herzen an. Ich will im Alter segnende Existenz sein. Auf meinen Spaziergängen trage ich still den buddhistischen Segensgruss in mir und wünsche jedem Menschen, dem ich begegne: ‹Mögest du glücklich sein›» (Brantschen/Gyger, Es geht um die Liebe, S. 131).

der Art, wie alte Menschen ihr eigenes Altern so zu meistern versuchen, dass sie Jüngeren Mut machen, zuversichtlich auf ihr eigenes Alter zuzugehen.[106] Eine Kunst des Alterns zeichnet sich gerade dadurch aus, dass sie solche Möglichkeiten bis ins hohe Alter wahrnimmt und das mit ihnen gegebene Potenzial zum Wohle anderer zu realisieren versucht.[107] Dabei dürfen auch Einschränkungen von Fähigkeiten, die mit dem hohen Alter in der Regel unvermeidbar sind, nicht dazu führen, ein pauschal defizit-orientiertes Bild eines alten Menschen zu entfalten. Andreas Kruse hat immer wieder darauf hingewiesen, dass «gerade im hohen Alter Verletzlichkeit und Potenzialität keine Gegensätze, sondern eng miteinander verbunden sind» und dass das hohe Alter deshalb grundsätzlich immer unter einer doppelten Perspektive zu betrachten ist: einer Verletzlichkeits- und einer Reife- oder Potenzialperspektive.[108]

Zur Bedeutung zweckfreien Tuns

Fähigkeiten und andere Ressourcen von Menschen im Alter dürfen allerdings nicht nur unter dem Gesichtspunkt ihrer sozialen Nützlichkeit im Sinne von Generativität in Betracht gezogen werden. Sie können – gerade im Alter – auch in zweckfreiem Tun zum Ausdruck kommen und so einen wesentlichen

---

106 Montada, Machen Gebrechlichkeit und chronische Krankheit produktives Altern unmöglich?

107 Rüegger, Ars senescendi: Gelingendes Altern als Lebenskunst. Der Gedächtnisforscher Daniel Kahneman hat nachgewiesen, dass gerade die letzte Sequenz in einer Abfolge von Episoden besonders starke Effekte auf den Gesamteindruck bewirkt, den etwas bei Beteiligten hinterlässt. So können Möglichkeiten generativen Wirkens auch in der letzten Lebensphase entscheidend sein für das Bild, das alte Menschen zum Beispiel gegenüber Angehörigen von sich hinterlassen (Schnelles Denken).

108 Kruse, Grenzgänge im Alter, S. 20; ders., Erhaltung von Selbständigkeit im Alter, S. 20; ders., Lebensphase hohes Alter, S. v.

Beitrag zur ‹Lebenssättigung›, zur Bereicherung des Lebens und zur Sinnstiftung leisten. Zu denken ist etwa an kulturelle Aktivitäten wie Musizieren oder Malen, an Konzert- oder Museumsbesuche oder an Lektüre. Aber auch das Sich-Unterhalten durch Spiele in Gemeinschaft mit anderen kann eine lustvolle und bereichernde Form sein, eigene Fähigkeiten auszuleben und das Leben dankbar zu geniessen.

Persönliche Reflexion

- *Wo sehen Sie bei sich Ressourcen, die Sie konstruktiv für andere oder für das Wohl eines grösseren Ganzen einsetzen können?*
- *Wo erfahren Sie, dass das Alter Ihnen Chancen und Potenziale eröffnet, die wahrzunehmen Ihr Leben reich und sinnvoll macht?*
- *Worin erfahren Sie etwas vom Glück und von der Befriedigung zweckfreien Tuns?*

Sein vor allem Tun

So wichtig Möglichkeiten sinnvollen und lustvollen Tuns im Alter auch sind, Sinn und Wert des Lebens liegen nicht einfach in Aktivitäten. Ihnen zugrunde und voraus liegt die Realität des Seins als solchem. In jüngeren Lebensphasen, v. a. im mittleren Erwachsenenalter, erfahren Menschen ihr Sein vornehmlich in vielfältigen Formen des Aktivseins. Leben findet seinen Ausdruck in Projekten, die durch eigenes Tun zu realisieren sind. Im Alter, wenn die beruflichen und familiären Verpflichtungen der mittleren Lebensphase nicht mehr vorhanden sind, ergeben sich Chancen, das Dasein jenseits bestimmter Aktivitäten stärker zu gewichten. Es kann eine gewisse Verlagerung vom Tun zum Sein, von Aktivität zu Beschaulichkeit und Musse stattfinden, von Leistungserbringung zu Empfänglichkeit für die Gabe des Lebens selbst. Mit den Worten von Ursula M. Staudinger und Freya Dittmann-Kohli: «Zufriedenheit, ohne höher-weiter-schneller-besser sein zu wollen, ist möglich und wird zum positiven Sinn. Man kann das Lebendig-Sein geniessen, ohne ständig mehr haben zu wollen.»[109]

Wertschätzung der passiven und rezeptiven Seiten des Lebens

Älter zu werden kann eine neue Einsicht in die passive oder rezeptive Seite des Lebens erschliessen und dafür sensibilisieren, dass zum Leben immer schon eine «primäre Passivität»[110] gehört: wir werden gezeugt, wir werden geboren, wir werden geliebt, wir erfahren Glück als ein Geschenk, wir können uns von Grossartigem berühren lassen – in all diesen Erfahrungen, die zu dem Tiefsten gehören, das wir als Menschen erleben können, erfahren wir uns im Modus der Passivität oder der Rezeptivität.[111] Leben erscheint als Wechselspiel zwischen Handeln

---

109 Staudinger/Dittmann-Kohli, Lebenserfahrung und Lebenssinn, S. 430.

110 Schneider-Flume, Alter – Schicksal oder Gnade?, S. 33.

111 Um für solche Erfahrung – besonders im Alter – sensibel zu werden, bedarf es allerdings einer gewissen Bereitschaft, sich gegen den Zeitgeist zu stellen, denn für unsere Kultur gilt, dass «der Ruhestand von Passivität auf Aktivität umgeschaltet wird. Die in der Erwerbsphase eingeforderten Verhaltensmuster diffundieren in die Altersphase. Auch hier gelten Aktivierung, Selbststeuerung und Eigenverantwortung als kaum hinterfragte Selbstverständlichkeiten und als Garanten für ein zufriedenes und erfolgreiches Leben.» Demgegenüber plädiert Schroeter für ein erweitertes Verständnis von Aktivität, das auch Formen der Passivität, Sensibilität, Rezeptivität und Gelassenheit mit einschliesst (Schroeter, Miszellen, S. 28.30).

und Widerfahrnis, zwischen Aktivität und Passivität, zwischen Leisten und Empfangen – auch wenn der letztere Pol in unserer aktivistischen Zeit häufig weniger wertgeschätzt wird.[112]

Diese Dimension des Passiven und Rezeptiven ist gerade für ein christliches Menschenbild zentral, das Leben in einem fundamentalen Sinn als Gabe versteht, die uns unverdient zuteilwird, an der wir teilhaben dürfen, die wir aber nicht durch eigenes Tun erst verwirklichen müssen. Es ist darum als ein Gewinn und eine existenzielle Vertiefung des Lebens zu betrachten, wenn es gelingt, das Alter so zu leben, dass «nicht mehr das aktive Tun, die Geschäftigkeit, sondern das Sein als solches im Mittelpunkt steht».[113] Zu solchem Sein gehört nach Leopold Rosenmayr die Fähigkeit, sich vom Leben und dem, was es uns zuspielt, einfach einmal betreffen und ergreifen zu lassen. Aus solchem primär passiven Sich-ergreifen-Lassen ergibt sich dann ein sekundäres, aktives Ergreifen und Handeln. Rosenmayr spricht von einem besonderen «Paradigma des ergriffenen Ergreifens als einer grundlegenden Altershaltung»,[114] die es zu kultivieren gilt.

Vita contemplativa

Hermann Hesse hat diese Akzentverschiebung vom Bedürfnis aktiven Eingreifens hin zu einer Haltung des mehr passiven Wahrnehmens und Teilhabens, die er als eine Entwicklungschance des Alters verstand, als *vita contemplativa* beschrieben: «Je geringer unser Verlangen nach Eingriff und Tat wird, desto grösser wird unsre Fähigkeit, dem Leben der Natur und dem

112 Wilhelm Schmid spricht von der «in der Kultur der Moderne nicht geliebten und nicht legitimierten Passivität», um dann zu betonen: «Wenigstens im Alter kann das Menschenrecht, passiv zu bleiben, noch in Anspruch genommen werden» (Mit sich selbst befreundet sein, S. 420).

113 Maio, Medizin ohne Mass?, S. 151.

114 Rosenmayr, Zur Philosophie des Alterns, S. 24.

Leben der Mitmenschen zuzuschauen und zuzuhören, es ohne Kritik und mit immer neuem Erstaunen über seine Mannigfaltigkeit an uns vorüberziehen zu lassen, manchmal mit Teilnahme und stillem Bedauern, manchmal mit Lachen, mit heller Freude, mit Humor.»[115] Die Freiheit, die in einer solchen Haltung liegt, zeigt sich insbesondere darin, dass Gelassenheit, wie Hesse hervorhebt, die Dinge – auch die problematischen – so sein lassen kann, wie sie nun einmal sind, und nicht meint, sie partout ändern zu müssen. Man kann Situationen und Menschen akzeptieren, wie sie sind, in all ihrer Fragwürdigkeit. Darin liegt ein wohltuendes Mass an Toleranz und an Realismus. Dem entspricht der Hinweis von Richard Rohr, dass es in der zweiten Lebenshälfte mehr um Teilnahme am Leben als um ein Sich-Durchsetzen geht.[116]

Persönliche Reflexion

- *Gab es in Ihrem Leben Situationen, in denen Sie so etwas wie ein tiefes Empfinden für das Sein als solches entwickelt haben?*
- *Was könnte es bedeuten, dass es in der zweiten Lebenshälfte mehr um das Teilhaben am Leben als um das Sich-Durchsetzen im Leben geht?*

115 Hesse, Eigensinn, S. 205.
116 Rohr, Reifes Leben, S. 162.

In Beziehungen leben

Menschsein verwirklicht sich vor allem in Beziehungen, in vielfältigen Formen des Mitmenschseins. Dies gilt nicht nur ganz lebenspraktisch, insofern kein Mensch in der Lage ist, als vollkommener Eremit allein zu überleben. Es gilt vor allem auch auf existenzieller Ebene, weil sich persönliche Identität nur im Gegenüber zu einem Du, genauer gesagt zu einer Vielzahl von Dus als Teil einer Gemeinschaft ausbildet. Darum wird in beiden biblischen Schöpfungsberichten betont, dass der Mensch als Mitmensch geschaffen wurde[117] und es nicht gut ist, wenn ihm ein Gegenüber fehlt.[118] Wer ich bin, erfahre ich und entwickle ich im Austausch und in Auseinandersetzung mit meinem sozialen Umfeld. «Identität wird in Beziehungen bestärkt, aber nicht nur in der Bestätigung durch andere, sondern auch in der Unterscheidung von ihnen. Im Widerspruch, bei dem das Eigene vom Fremden unterschieden werden kann, spürt man sich selbst.»[119]

Dabei ist die Art, wie Menschen Beziehungen leben, kulturell und individuell sehr unterschiedlich. Westliche Kulturen sind durch einen starken Individualismus geprägt, der grossen Wert auf die Selbstständigkeit und Freiheit jedes Individuums im Blick auf seine Lebensführung legt. Gemeinschaftsbezüge, etwa familiärer oder nachbarschaftlicher Art, können unterschiedlich intensiv gelebt werden. Ob jemand mehr oder weniger Beziehungen unterhält, engere oder lockere, eher dauernde oder zeitlich limitierte Kontakte pflegt, hat viel mit den spezifischen Bedürfnissen und der Persönlichkeit eines Individuums zu tun, ist jedenfalls weitgehend frei wählbar. Das ändert aber nichts daran, dass Menschen in jedem Fall für ihr Wohlerge-

---

117 Gen 1,27: Gott schuf den Menschen als Mann und als Frau; Gen 2,22: Gott schuf aus der Rippe des Mannes eine ihm gemässe Hilfe, eine Frau.

118 Gen 2,18: «Gott sprach: Es ist nicht gut, dass der Mensch allein ist.»

119 Willi, Sich im Alter brauchen lassen, S. 94.

hen auf Beziehungen und auf ein soziales Umfeld angewiesen sind – auch im Alter.

Reduzierung sozialer Kontakte

Es ist normal, dass sich das Geflecht von Beziehungen im Alter verändert. Eine erste Veränderung ergibt sich aus dem Wechsel von der Berufs- und Familienphase in die nachberufliche Phase des jungen Alters. Vor allem der Austritt aus der regulären Berufswelt bringt es mit sich, dass eine Vielfalt mit dem Berufsalltag gegebener regelmässiger Kontakte wegfällt und Beziehungen durch eigene private Initiative gepflegt werden müssen. Eine weitere Veränderung ergibt sich durch den Wechsel in das hohe Alter, wenn immer mehr Gleichaltrige wegsterben und gesundheitliche Einschränkungen zu einer stark reduzierten Mobilität führen können, die das Aufrechterhalten von Beziehungen zuweilen erschwert. Es sind aber nicht nur solche äusseren Faktoren, die zu einer Reduzierung der Kontakte im höheren Alter führen. Offensichtlich entspricht es grundsätzlich den Bedürfnissen vieler älterer Menschen, die Anzahl sozialer Kontakte zu verringern und sich mehr auf emotional wichtige, tragende Beziehungen in der Familie oder im Freundeskreis zu konzentrieren.[120]

Tragfähige Beziehungsnetze sichern

Grundsätzlich gehört es zu den Aufgaben des Älterwerdens, sich selbst um tragfähige soziale Netze zu bemühen, die einen vor Einsamkeit schützen und die einem im Falle der Hilfebedürftigkeit

---

120 Hahmann, Soziale Beziehungen, S. 245; Lang, Soziale Beziehungen im Alter, S. 142.

zur Verfügung stehen.[121] Das erweist sich besonders im Blick auf das hohe Alter als zentral. Soll das Beziehungsnetz dann tragen, muss es schon vor dieser Lebensphase geknüpft und gepflegt werden. Dabei ist zu bedenken, dass Beziehungen zu Freunden im sozialen Netzwerk mitunter stärker zu sozialer Zufriedenheit beitragen als Familienbeziehungen, was darauf zurückzuführen sein dürfte, dass Letztere häufiger auch mit konfliktbelasteten Interaktionen verbunden sind, denen man in der Familie weniger gut ausweichen kann als im ausserfamiliären Umfeld.[122] Gerade langjährige Paarbeziehungen bedürfen im Alter besonderer Pflege und eines reflektierten, offen abgesprochenen Austarierens von Nähe und Distanz, von Gemeinsamkeit und individueller Eigenständigkeit, wenn sie hilfreich und wohltuend sein sollen. Und sie brauchen ein genügendes Mass an Kontakten nach aussen in ein grösseres soziales Umfeld. Denn nach Meinung des Psychotherapeuten Jürg Willi zeigen «die destruktiven Entwicklungen in der Dauerzweisamkeit mit besonderer Deutlichkeit, dass der Mensch für ein gesundes Leben äussere Herausforderungen, Spannungen und Reibungen braucht, ansonsten er regressiv zu agieren und sich selbst zu zerfleischen beginnt».[123]

Innerfamiliäre Generationen-Beziehungen

Eine zentrale Beziehungsdimension im Alter liegt im innerfamiliären Verhältnis zwischen den Generationen, das Quelle beglückender Gemeinschaftserfahrung, aber auch Ursache traumatisierender Konflikte sein kann. Junge Alte engagieren sich häufig als Grosseltern in der Enkelbetreuung und leisten damit einen wichtigen Beitrag zur Unterstützung ihrer Kinder und Schwiegerkinder, die sich in einer anstrengenden Lebenspha-

---

121 Klie, Auf dem Weg zur Caring Community, S. 237.

122 Lang, Soziale Beziehungen im Alter, S. 143.

123 Willi, Sich im Alter brauchen lassen, S. 107.

se befinden, in der es gilt, Familie und berufliche Karriere unter einen Hut zu bringen. Grosselternschaft kann eine zutiefst positive Beziehungserfahrung sein, jedenfalls dann, wenn Grosseltern sich frei fühlen, selber zu bestimmen, was für ein Engagement sie in der Enkelbetreuung eingehen möchten und wo die Grenzen eines solchen Einsatzes liegen.

Komplexer dürften zuweilen die Beziehungen zwischen den jungen Alten (also der dritten Generation) und den in diesem Stadium oft mehr oder weniger unterstützungs- oder gar pflegebedürftigen alten Alten (also der vierten Generation) sein. Hier stellt sich die Frage: Was schulden erwachsene Kinder ihren hochbetagten Eltern, wenn diese gebrechlich werden und auf Hilfe angewiesen sind (Frage nach den sogenannten filialen Obligationen)? Mit Barbara Bleisch ist festzuhalten: Hochbetagte Alte haben per se, also einfach weil sie die biologischen Eltern ihrer Kinder sind und diese grossgezogen haben, keinen moralischen Anspruch auf deren Unterstützung und Pflege. In früheren Zeiten und in weniger entwickelten Kulturen war bzw. ist noch heute die Altenbetreuung zwar primär Aufgabe der Familie, also der zweiten und dritten Generation. In unseren heutigen zentraleuropäischen Gesellschaften ist die Altersvorsorge und Altersbetreuung jedoch einerseits zur kollektiven Aufgabe der Gesellschaft als Ganzes (Sozialversicherungswesen), andererseits zur Verantwortung der alternden Individuen selbst geworden. Die materielle Altersvorsorge, die Planung möglicher altersangepasster Wohnformen, das Einholen von Informationen über mögliche Dienstleistungen zur Unterstützung im alltäglichen Leben, das Definieren von allfälligen Behandlungswünschen am Lebensende (z. B. mittels einer Patientenverfügung) und das Ernennen einer Vertrauensperson, die im Falle eigener Urteilsunfähigkeit stellvertretend medizinische Entscheide treffen kann, all das sind Aufgaben, die alternde Personen für sich selber wahrnehmen sollen und nicht einfach erwarten können, dass sich im Ernstfall die jüngere Generation darum kümmert. Um es noch einmal zu unterstreichen: Es gibt keine automatische moralische Verpflichtung erwachsener Kinder zur Betreuung oder Pflege ihrer betagten Eltern. Wenn Kinder ihren betagten Eltern Unterstützung leisten, dann kann dies nur aufgrund von freiwilliger Zuwendung und Solidarität innerhalb einer durch Respekt, Zuneigung und Dankbarkeit geprägten intergenerationellen Beziehung geschehen. Und solche Beziehungskonstellationen werden umso besser lebbar sein, je klarer alle Beteiligten ihre subjektiven Bedürfnisse, Vorstellungen von Unterstützung und Bereitschaft zu Hilfeleistungen offenlegen und miteinander aushandeln. Ohne solch offenes Aushandeln geschieht es nur allzu leicht, dass v. a. Töchter und Schwiegertöchter in eine Aufgabe hineinwachsen, die für sie irgendwann nicht mehr stimmt, aus der sie sich aber nur mehr schwer herauslösen können, ohne mit einem permanent schlechten Gewissen leben zu müssen.

Distanz in Beziehungen

In vielen Fällen scheint es so zu sein, dass unter den gegebenen Verhältnissen in unserem kulturell-gesellschaftlichen Rahmen sich eine Beziehungsform zwischen den Generationen der Älteren einerseits und des mittleren Erwachsenenalters andererseits bewährt, die als ‹Intimität auf Distanz› bezeichnet werden kann: Regelmässige persönliche Kontakte, gegenseitige Anteilnahme, aber genügend gegenseitige Distanz, damit beide Seiten ihr je eigenes Leben ohne allzu grosse Abhängigkeiten führen können und ohne ständig aufeinander Rücksicht nehmen zu müssen.[124]

Im Übrigen gibt es durchaus auch Beziehungen zwischen hochbetagten Eltern und erwachsenen Kindern, die über Jahre hinweg so konfliktträchtig geworden sind, dass es sich emp-

---

124 Das Konzept «Intimität auf Abstand» geht auf Leopold Rosenmayr zurück (Die späte Freiheit, S. 137–140.226).

fiehlt, auf konfliktreduzierende Distanz zueinander zu gehen und nicht zu versuchen, mit aller Gewalt eine aktive Eltern-Kind-Beziehung im Alter aufrecht zu erhalten. Zu einer Lebenskunst des Alterns gehört die Bereitschaft, ohne schlechtes Gewissen Grenzen in Beziehungen zu setzen und zu unterscheiden, welche Beziehungen man überhaupt im Alter weiter pflegen oder neu eingehen und auf welche man lieber verzichten will.

Sich zumuten dürfen

Beziehungen im Alter, gerade im intergenerationellen Bereich, stehen in zweifacher Hinsicht vor einer besonderen Herausforderung: Zum einen wird es im höheren Alter unumgänglich, in Beziehungen offen zu sein für Phänomene von Hilfebedürftigkeit und Abhängigkeit. Es ist nicht immer leicht, eigene Hilfebedürftigkeit anzuerkennen und Hilfe zu erbitten und anzunehmen. Die Grundhaltung in unserer Gesellschaft ist vielmehr die, möglichst unabhängig von anderen zu bleiben und nur ja niemandem zur Last zu fallen. Es bedarf wohl einer gewissen Reife und Bescheidenheit, um das eigene Angewiesensein auf andere als positive menschliche Grunderfahrung anzuerkennen und dankbar zuzulassen. Es ist durchaus nicht entwürdigend und ungebührlich, anderen auch einmal ein Stück weit zur Last zu fallen. Es gehört zu gelingendem Menschsein, sich anderen zumuten zu dürfen. Aus christlicher Perspektive liegt darin geradezu ein Grundzug eines humanen Miteinanders, weswegen Paulus die christlichen Gemeindeglieder auffordern kann, dass einer des anderen Last tragen solle (Galater 6,2). Ein solches Sich-Stützen und -Tragen ist relativ leicht akzeptierbar, solange es auf Gegenseitigkeit beruht und die Beziehungsbilanz dadurch gewissermassen ausgeglichen wirkt. Schwieriger wird es, wenn im hohen Alter, etwa bei ausgeprägter Gebrechlichkeit und Pflegebedürftigkeit, der Eindruck entsteht, man sei nur noch einseitig auf den Empfang von Hilfe angewiesen.

Generativität

Wir alle haben ein starkes Bedürfnis, uns auch als Gebende zu erleben, als Menschen, die für andere in irgendeiner Weise hilfreich und bedeutsam sind. Das Bedürfnis nach Generativität, also danach, einen positiven, bedeutungsvollen Beitrag zum Wohle anderer, insbesondere der jüngeren Generationen erbringen zu können, ist für das Selbstwertgefühl alter Menschen entscheidend wichtig. Es gehört darum zu einer Lebenskunst des Alters, auch bei stark eingeschränktem Aktionsradius und zunehmender Gebrechlichkeit Möglichkeiten wahrzunehmen, wie man für andere, insbesondere in Beziehung zu Jüngeren, bedeutsam sein kann: etwa indem man Interesse zeigt für das, was andere beschäftigt, statt sich selbst ins Zentrum zu stellen; indem man Jüngere in ihrem Anders-Sein und Anders-Leben respektiert und nicht am Massstab des eigenen Lebenskonzeptes misst und kritisiert; indem man sein eigenes Altsein so gut wie möglich meistert und damit für Jüngere zu einem Vorbild wird, das ihnen Mut macht, erwartungsvoll und zuversichtlich auf ihr eigenes Alter zuzugehen. Generativ wird man auch dadurch, dass man Dankbarkeit ausdrückt denen gegenüber, die einem im Alter notwendige pflegerische Hilfe angedeihen lassen. So kann man ihre Dienstleistung würdigen und ihr professionelles Selbstbewusstsein stärken.

Eine besonders reife und menschlich schöne Form der Generativität alter Menschen ist es, wenn sie bereit sind, rechtzeitig ins zweite Glied zu treten, Jüngeren den Vortritt zu lassen und, statt mit ihnen zu konkurrenzieren, sie darin zu ermutigen und zu unterstützen, ihren eigenen Weg zu gehen und Verantwortung zu übernehmen. Das kann eine Art Coaching-Rolle sein: wohlwollend-interessierte Unterstützung aus dem Hintergrund, beratend, wenn das gewünscht wird, anerkennend, wenn den anderen etwas gelingt, zuhörend und mitdenkend, wenn ein konstruktives, nicht besserwisserisches Gegenüber im Gespräch hilfreich ist.

Persönliche Reflexion

- *Was unternehmen Sie, um Beziehungen zu pflegen, die Ihnen im Alter wichtig sind?*
- *Stimmt für Sie die Intensität des Beziehungsengagements gegenüber Ihren Eltern und Kindern? Sind allfällige Erwartungen der einen Seite und das Mass an Unterstützungsbereitschaft der anderen Seite benannt und austariert?*
- *Leben Sie Beziehungen zu jüngeren Personen, die auch dann noch da sind, wenn die Gleichaltrigen zunehmend wegsterben?*
- *Welche Form von Generativität gegenüber Jüngeren versuchen Sie zu praktizieren?*

Lebenssättigung

Stillen von Lebenshunger

Das Alte Testament sieht das Ziel eines gelingenden Lebens und Alterns darin, so zu leben, dass man das Gute, das einem widerfährt, geniessen und dereinst «alt und lebenssatt» sterben kann.[125] Diese Redewendung geht davon aus, dass menschliche Existenz durch Lebenshunger geprägt ist, der gestillt werden will. In einer solchen Perspektive zu leben, heisst, dafür sensibel werden, was im Leben trägt und nährt, was Sinn stiftet und Anlass zu Freude und Dankbarkeit gibt. Alfons Auer spricht dies-

125 Gen 15,15; 25,8; 35,29; 1Chr 23,1; 2Chr 24,15; 29,28; Hiob 42,17.

bezüglich von einem «Wachwerden für das Wesentliche».[126] So zu leben ist eine Aufgabe in jeder Lebensphase. Denn lebenssatt wird man nicht, wenn man sein Leben erst in der letzten Phase an dem auszurichten beginnt, was in einem fundamentalen Sinn existenziell nährend ist. Dennoch steht das Alter mit der Aussicht auf die Beendigung des Lebens nochmals unter einer besonderen Herausforderung und Chance, nicht nur alt, sondern auch lebenssatt zu werden.

Für den Theologen Werner Kramer ist das Lebenssatt-Werden das spirituelle Hauptziel des dritten Lebensalters, also des jungen Alters.[127] Gerade in der heutigen Zeit, in der viele Menschen die Jahre zwischen 60 und 80 befreit von beruflichen und familiären Verpflichtungen, materiell abgesichert und bei guter Gesundheit verbringen können, bestehen vielerlei Möglichkeiten, die Jahre des Alters auszukosten und lebenssatt zu werden. Viele nutzen die Freiheit der nachberuflichen und nachfamiliären Lebensphase für ausgedehntes Reisen, für eine Horizonterweiterung durch das Erkunden noch unbekannter Gegenden dieser Welt. Manche geniessen intensiv kulturelle Angebote. Ein Grossteil klassischer Kultur lebt von einem Publikum, das weitgehend aus der Altersgruppe der jungen Alten besteht. Auch der Bereich der Freiwilligenarbeit in unseren westlichen Gesellschaften funktioniert hauptsächlich dank dem Engagement dieser Altersgruppe. Und die Anzahl junger Alter – Frauen und zunehmend auch Männer – ist gross, die sich innerfamiliär in der Betreuung ihrer Enkel engagieren und dadurch nicht nur ihre Kinder darin unterstützen, Familie und Beruf unter einen Hut zu bringen, sondern im Aufbau einer intensiven Beziehung zu ihren Grosskindern auch beglückende Erfahrungen intergenerationeller Gemeinschaft machen. In all diesen Bereichen finden alte Menschen Gelegenheit, bereichernde Erfahrungen zu machen, Schönes und Interessantes

126 Auer, Geglücktes Altern, S. 176.
127 Kramer, Was sind die spirituellen Ziele im Alter?, S. 128–130.

zu geniessen und sich an sinnvollen Aktivitäten zu beteiligen. Dies alles trägt dazu bei, dass heute nach Ausweis zahlreicher Untersuchungen das Alter zwischen 60 und 80 als die emotional befriedigendste Lebensphase gelten kann.[128]

‹Lüste des Alters›

Auch über die Phase des jungen Alters hinaus, in der Hochaltrigkeit, lassen sich vielerlei Erfahrungen machen, die trotz möglicher Einschränkungen durch zunehmende Gebrechlichkeit Lebenshunger stillen und durch intensive, aktive Teilhabe am Leben zu einer Lebenssättigung beitragen. Wilhelm Schmid weist in seinem Entwurf einer Lebenskunst im Alter auf die Bedeutung der ‹Lüste des Alters› hin: etwa die Lust des Gesprächs, die Lust der Erinnerung, die Lust der Musse oder die Lust der selbstvergessenen und zweckfreien Hinwendung zu Menschen oder Aktivitäten.[129] All das sind Möglichkeiten der Lebensgestaltung, die bis ins hohe Alter wahrgenommen werden können und die das Leben reich und sinnvoll machen. Dabei geht es im höheren Alter nicht einfach um ein quantitatives Mehr an Dingen, die bisher schon möglich waren, sondern darum, «den Sinn des eigenen Lebens zusehends in Aspekten dieses Lebens zu finden, die von Kompetenzbewusstsein, Leistung, Erfolg, Genuss und entsprechenden Zukunftsperspektiven unabhängig sind».[130]

---

128 Kast, Altern, S. 8.

129 Schmid, Mit sich selbst befreundet sein, S. 419–421.

130 Müller, Lebensverlängerung durch die Medizin?, S. 178.

Erfahrungen von Sinnlichkeit

Zum Lebenssatt-Werden gehören zweifellos auch Erfahrungen sinnlicher Lust. Dass Menschen im Alter sexuelle Wesen bleiben und erotische Bedürfnisse haben, ist inzwischen allgemein anerkannt – jedenfalls in der Theorie, was durchaus nicht ausschliesst, dass die Umsetzung dieser Einsicht in einer entsprechenden Praxis noch mit mancherlei Irritationen und Zurückhaltung verbunden ist. Wärme, Geborgenheit, Zuwendung und Angenommensein erleben zu können, gehört zu den grundlegenden psychosozialen Bedürfnissen von Menschen im Alter, die durch Sexualität, durch Erotik und Sinnlichkeit in einem weiten Sinn befriedigt werden können. Menschen jeden Alters, also auch alte Menschen, haben eine Sehnsucht danach, berührt zu werden, im wörtlichen, körperlichen und im übertragenen Sinn.

Alterssexualität ist grundsätzlich kein neues Thema. Schon im Alten Testament wird davon erzählt, dass Abraham und seine Frau Sara noch «alt und hochbetagt», als Hundert- bzw. Neunzigjährige Geschlechtsverkehr hatten, der zur Geburt ihres Sohns Isaak führte (Genesis 17,17; 18,11; 21,5). Allerdings gehört es zu den Grundvoraussetzungen einer erfüllenden Sinnlichkeit im Alter, dass sie einerseits nicht auf den Bereich der Sexualität eingeschränkt wird und andererseits für das Erleben von Sexualität damit ernstgemacht wird, dass sich durch die altersbedingte Veränderung der körperlichen Gegebenheiten wie auch durch sich verändernde Bedürfnisse Änderungen in der Gestaltung von Sexualität aufdrängen. Sich im Alter an Idealvorstellungen sexueller Aktivität in jüngeren Lebensphasen zu orientieren, führt notwendigerweise zu Problemen, weil Selbstüberforderung fast unausweichlich ist. Andererseits verunmöglicht eine solche Haltung die Wahrnehmung der Chance, neue, altersgemässere Formen und Möglichkeiten gelebter Sexualität zu entdecken, etwa Formen von Zärtlichkeit und Intimität, die auch dann noch beglückendes erotisches Zusammensein ermöglichen, wenn der Vollzug des Geschlechtsverkehrs nicht mehr möglich ist.[131] In solcher Kunst, Spielformen der Sinnlichkeit über reine Genitalität hinaus zu entwickeln und zu erproben, liegt für den Gesundheitspsychologen und Sexualberater Wolfgang Kostenwein ein Wesenszug von sexueller Kompetenz im Alter.[132]

Dass das Ausleben von Sexualität im Alter – besonders für Frauen – oft dadurch erschwert wird, dass kein Partner mehr vorhanden ist, weil dieser bereits verstorben ist bzw. weil nach dem Tod des Partners keine neue Partnerschaft mehr eingegangen wird, ist eine Realität. Autoerotik, also sich selber zärtlich zu berühren und zu befriedigen, ist eine Möglichkeit, aber kein voller Ersatz für Intimität mit einem Partner. Damit muss und kann man leben lernen. Umso wichtiger dürfte es sein, im Alter Sinnlichkeit in einem weiten Sinne auf den verschiedensten Ebenen zu geniessen: etwa kulinarisch bei einem guten Essen; oder taktil beim Streicheln des weichen Fells einer Katze oder beim liebevollen In-den-Arm-Nehmen und Liebkosen eines Urenkels; oder dadurch, dass man sich eine wohltuende Massage angedeihen lässt; oder durch einen Spaziergang in der Natur, wo man fühlt, wie einem die Sonne warm auf die Haut scheint oder der Wind eine sanfte Brise ins Gesicht bläst; oder durch das prickelnde Fühlen einer warmen Dusche auf der

---

131 Wolfgang Kostenwein weist darauf hin, dass sich «der sexuelle Lebensweg von Frauen und Männern wandelt von der Beschleunigung in jungen Jahren zur Entschleunigung im höheren Alter. Anfangs ist alles intensiv, rasch, dranghaft. Die Phase der Entschleunigung ist begleitet von körperlichen Veränderungen: Die Hormone sinken, der Körper wird älter, die Stimulationsfähigkeit wird ein wenig schwächer, die Sinnesreize werden ein bisschen schwächer – es bedarf neuer Lernschritte. […] Was die Sexualität betrifft, heisst das, lernen, sich zu erotisieren, verändernde Erektionsstärken zu integrieren und ein Ausweiten der Sinnlichkeit» (Sexuelle Kompetenz, S. 217).

132 Miriam Seidler spricht im Blick auf Alterssexualität von einer Verschiebung der Akzente von Genitalität zu Zärtlichkeit (Alterssexualität, S. 398).

nackten Haut des Körpers; oder durch das Riechen eines anregenden Dufts einer ätherischen Essenz, eines Parfüms oder einer Duftkerze. Sinnliche Erfahrungen sind auch jenseits von Erotik möglich und können auf ihre je eigene Art ein Stück weit dem Bedürfnis nach körperlichem Genuss und Wohlbefinden entgegenkommen. Eine Lebenskunst des Alters wird auf solche sinnlichen Genüsse achten, sie sich gönnen und bewusst auskosten.

Lebenssättigung im Durchstehen von Zumutungen des Schicksals

Allerdings ist zu beachten, dass Lebenssatt-Werden nicht nur mit Geniessen und Auskosten zu tun hat und nicht mit einem immer nur leichten und schönen Leben zu verwechseln ist, dem alles Schwere erspart bleibt. Werner Kramer weist darauf hin, dass «Lebenssatt-Werden nicht auf billiges Glück zielt, sondern etwas zu tun hat mit dem Annehmen seines Lebens mit Höhen und Tiefen, mit Dankbarkeit, mit Bejahung dessen, was war».[133] Auch das Annehmen von Zumutungen des Schicksals, das Aushalten von Schwierigkeiten und das Durcharbeiten von Problemen gehört zu den Erfahrungen, die unseren Hunger nach echtem, intensivem, sinnvollem Leben stillen. Vielen dürfte die Erfahrung nicht unbekannt sein, auf das eigene Leben zurückzublicken mit dem Gefühl, dass es oft gerade schwierige Zeiten, mitunter Erfahrungen der Krise, des Scheiterns und Überwindens waren, in denen wir das Leben besonders intensiv erfahren haben und von denen wir vielleicht sagen würden, dass wir sie nicht nochmals durchleben, aber nun im Rückblick doch auch nicht missen möchten, weil sie wesentlich zur Fülle unseres Lebens beigetragen haben. Die «Formel für geglücktes Altern» des Ethikers Alfons Auer drückt schön aus, welche Haltung im Leben und ganz besonders im Alter der Lebenssät-

---

133 Kramer, Was sind die spirituellen Ziele im Alter?, S. 127.

tigung dienen dürfte: «die Chancen nutzen, die Zumutungen annehmen, die Erfüllungen auskosten».[134] Nur im intensiven Durchleben des vielfältigen und zuweilen spannungsvollen Miteinanders dieser drei Aspekte liegt die Verheissung, im Alter lebenssatt zu werden. Dabei wird eine spirituell fundierte Lebenskunst immer wieder die Gewissheit gewinnen: «Lebenssatt werden ist wie alles Leben nicht einfach Leistung und Kampf des Menschen, sondern zutiefst Geschenk und Segen Gottes.»[135]

Persönliche Reflexion

- *Durch was für Aktivitäten oder Erlebnisse machen Sie die Erfahrung, Lebenshunger stillen und lebenssatt werden zu können?*
- *Wenn Sie wüssten, in einem halben Jahr sterben zu müssen, würden Sie sagen, dass Sie in Ihrem Leben lebenssatt geworden sind?*
- *Welche Formen von Sinnlichkeit (ausserhalb von Erotik und Sexualität) geniessen Sie besonders?*
- *Überlegen Sie im Blick auf Ihr Leben, wo und wie Sie altersspezifische «Chancen nutzen», «Zumutungen annehmen» und «Erfüllungen auskosten» (Alfons Auer).*

---

134 Auer, Geglücktes Altern, S. 188.277.

135 Kramer, Was sind die spirituellen Ziele im Alter?, S. 127. Darauf, dass Lebenssättigung oder gelingendes Leben nicht als eine zu fordernde Leistung missverstanden werden darf, weist aus theologischer Sicht Gunda Schneider-Flume hin (Alter – Schicksal oder Gnade?, S. 54).

Zulassen

Herausforderungen des Alters: Leben im Horizont von Minderung und Verletzlichkeit

Mit dem Abnehmen leben lernen

Auch wenn man, wie das die Gerontologie seit Längerem mit guten Gründen tut, ein rein an Verlusten orientiertes, negatives Altersverständnis ablehnt, bleibt die Tatsache bestehen, dass Altern – schon gar in der Phase der Hochaltrigkeit – in mancherlei Hinsicht einen Prozess der Minderung darstellt. Zum hohen Alter gehört die Erfahrung, dass die Kräfte nachlassen und die physische, vielleicht auch die psychische Gesundheit fragil wird. Eine zunehmende Verletzlichkeit wird unübersehbar. Teilhard de Chardin spricht vom «Erleiden der Minderung» im Unterschied zum «Erleiden des Wachstums».[136] Dies widerspricht dem gängigen Lebensverständnis, das sich offensichtlich vor allem am Wachsen und am Stärkerwerden orientiert. Dass zum Leben, dass zum Lebendigsein auch die Erfahrung von Minderung, von Abnahme der Leistungsfähigkeit gehört, scheint vielen schwer akzeptabel. Beides sind jedoch konstitutive Dynamiken menschlichen Lebens: Zunehmen und Abnehmen, Zugewinne und Verluste. Das eine ist nicht zu haben ohne das andere. Nur gemeinsam stellen sie die Ganzheit der Entwicklung eines Menschenlebens dar, die Thomas Rentsch als «ein Werden zu sich selbst im Vergehen, ein Werden im Vergehen» beschrieben hat.[137]

Von den Mühsalen des Altseins ist im Alten Testament wiederholt die Rede,[138] besonders in dem allegorischen Gedicht in Kohelet 12,1–8, das die körperlichen Degenerationserscheinungen des hohen Alters beschreibt als Kennzeichen einer

---

136 de Chardin, Der göttliche Bereich, S. 78–96.

137 Rentsch, Alt werden, S. 183.

138 Eine umfangreiche Zusammenstellung findet sich bei Ernst, Segen – Aufgabe – Einsicht, S. 216–219.222–225.

Lebensphase, die charakterisiert ist durch «schlechte Tage» und «Jahre, von denen du sagen wirst: Sie gefallen mir nicht» (Kohelet 12,1). In solchen Erfahrungen äussert sich die vergängliche Natur des Menschen, mit der dieser zurechtkommen muss. Sie macht sich im hohen Alter in der Regel besonders stark bemerkbar. In der christlichen Tradition spricht man seit Gregor dem Grossen (ca. 540–604 n. Chr.) von der *prolixitas mortis,* von der immer intensiver werdenden Erfahrung der Begrenztheit und Verletzlichkeit menschlicher Existenz sowie der zunehmenden Häufung von auf das Sterben vorausweisenden Phänomenen in der menschlichen Lebensgeschichte.

Nach Werner Kramer besteht das spirituelle Hauptziel des vierten Lebensalters, also des hohen Alters, gerade darin, mit dem Abnehmen leben zu lernen und zwar so, dass man dabei nicht verbittert oder verzweifelt, sondern getrost zu werden vermag.[139] Das ist keine leichte Aufgabe. Sie fordert ein hohes Mass an Resilienz, an seelischer Widerstandskraft. Und doch gilt für eine christliche Lebenskunst des Alters, dass zu einem intensiven, vollen Leben auch gehört, Schwächen zulassen und mit ihnen umgehen zu können.[140] Dafür gibt es keine einfachen Techniken, wohl aber seit Jahrhunderten bewährte Haltungen oder Einstellungen, Bewältigungsstrategien, die hilfreich sein können, um ein Leben im Horizont von Minderung und Verletzlichkeit möglichst gut zu bewältigen. Sie spielen deshalb in einer Lebenskunst des Alters eine wichtige Rolle.

---

139 Kramer, Was sind die spirituellen Ziele im Alter?, S. 131–135.

140 Gross, Wir werden älter, S. 149 (ebenso S. 137). Markus Leser, Geschäftsführer des Heimverbands CURAVIVA Schweiz, schreibt: «Wer sich heute mit den gebrechlichen Seiten des Alters auseinandersetzt, muss Schwäche zulassen können. Gerade Schwäche darf man in der heutigen Gesellschaft aber i. d. R. nicht zeigen. Vielleicht ist es ja als ein Privileg des Alters zu betrachten, dass Schwäche wieder zugelassen werden kann» (Herausforderung Alter, S. 93f.).

Bewusstes Annehmen und Aushalten

Das Alte Testament kennt – gerade in den Psalmtexten und in der Weisheitsliteratur – eine eigentliche Kultur, Leidenden gut zuzureden und sie zu ermutigen, Problemen nicht auszuweichen, sondern sie bewusst anzunehmen und auszuhalten, Geduld zu üben im Ertragen von Zumutungen des Schicksals in der Erwartung, dass sich Probleme zu gegebener Zeit lösen werden oder dass sich Widerstandskraft (modern gesprochen: Resilienz) einstellt, um mit den gegebenen Schwierigkeiten zu leben. So rät der Weisheitslehrer Jesus Sirach: «Nimm alles an, was über dich kommen mag, halt aus in vielfacher Bedrängnis! Denn im Feuer wird das Gold geprüft, und jeder, der Gott gefällt, im Schmelzofen der Bedrängnis. Vertrau auf Gott, er wird dir helfen, hoffe auf ihn, er wird deine Wege ebnen» (2,4–6)[141]. Zuweilen ist es auch der Leidende selbst, der seine Seele (also sich selbst) zu einer solchen Haltung des beharrlichen Aushaltens auffordert.[142] Gunda Schneider-Flume spricht geradezu von einer biblischen «Spiritualität des Harrens».[143] Eine solche Kultur des ermutigenden Zuredens (der sogenannten Fremd- oder Selbst-Paraklese) angesichts von belastenden Zumutungen des Schicksals kann Resilienz stärken und dazu verhelfen, dass sich Betroffene nicht bloss als Opfer des Schicksals erfahren, sondern dass sie durch das bewusste, aktive Entwickeln einer inneren Einstellung zu Phänomenen des Leidens oder der Minderung sich immer noch als Akteure im Umgang mit ihrem schwierig gewordenen Leben erfahren.[144]

---

141 Einheitsübersetzung.

142 Vgl. etwa den dreimaligen Refrain im Psalmgedicht Ps 42f: «Was bist du so gebeugt, meine Seele, und so unruhig in mir? Harre auf Gott, denn ich werde ihn wieder preisen, ihn, meine Hilfe und meinen Gott.»

143 Schneider-Flume, Alter – Schicksal oder Gnade?, S. 146–148.

144 Dabei ist mit Giovanni Maio zu bedenken, dass «die grösste Freiheit des Menschen … in der Wahl seiner inneren Einstellung zu dem äusserlich Vorgegebenen (besteht)» (Medizin ohne Mass?, S. 202).

Verminderte Möglichkeiten können zu neuen Einsichten führen

Dabei ist hilfreich, sich klar zu machen, dass Erfahrungen von Minderung, von Einschränkungen und Behinderungen bei aller Belastung, die sie darstellen, keineswegs ein lebenswertes Leben verunmöglichen. Die Philosophin Barbara Schmitz ist im Gespräch mit Menschen, die mit einer Behinderung leben müssen, der Frage nachgegangen, was ein lebenswertes Leben ausmacht. Sie ist dabei auf die Bedeutung des sogenannten Behinderungsparadoxes aufmerksam geworden, dass nämlich manche Menschen mit Behinderung aus ihrer Innenperspektive heraus bekunden, dass ihr Leben mit und trotz Einschränkungen durchaus lebenswert ist, weil es nicht nur Verluste mit sich bringt, sondern – so ungewohnt das für Aussenstehende erscheinen mag – auch Gewinne ermöglicht. Die Erfahrung von Minderung kann den Blick schärfen für das im Leben, was wirklich trägt, was wirklich wichtig und sinnstiftend ist. Sie kann für Tiefendimensionen des Menschseins sensibilisieren, die Menschen ohne solche Behinderug mitunter verschlossen bleiben. Und Erfahrungen von Minderung können zu einem Wandel der Werte führen, an denen ein Individuum sein Leben orientiert und aufgrund derer es den Lebenswert der eigenen Existenz bemisst. So kommt Schmitz zu der Feststellung: «Verminderte Möglichkeiten müssen dem lebenswerten Leben nicht im Wege stehen. Sie können sogar zu Einsichten führen, die sich erst durch die Einschränkungen ergeben.»[145]

---

145 Schmitz, Was ist lebenswertes Leben?, S. 48 und das ganze Kap. 2 ihrer Studie. Das Kapitel geht der Frage nach: «Ein Paradox? Warum das Leben mit Behinderung lebenswert sein kann» (S. 32–53).

Loslassen als Freiwerden für Neues

Die Psychologin Verena Kast sieht das Alter als eine Lebensphase, die unumgänglich mit eigenen Grenzen, mit eigener Verletzlichkeit konfrontiert. Sie nennt dies Erfahrungen des ‹Scheiterns› – des Scheiterns auch an eigenen Idealbildern oder Wunschvorstellungen guten Alterns. Wer solches Scheitern nicht nur beklagt, sondern bewusst akzeptiert, kann Kast zufolge darin auch etwas Konstruktives, Sinnvolles entdecken, kann neue Erfahrungen an und mit sich selber machen.[146] Sie schreibt: «Das ‹Scheitern› – auch das Scheitern an unseren Vorstellungen von uns selbst und unserem Altern – macht uns frei für neue Wege der Selbsterfahrung, … das Kennenlernen der eigenen verletzlichen Seiten und … das freundlich empathische Umfangen der Gebrechlichkeit, und dies heisst, sie zu akzeptieren und damit umzugehen […]. Zu altern heisst nicht notwendigerweise zu scheitern, aber in dieser Lebensphase wird man immer wieder an eigenen Ansprüchen scheitern, muss man an ihnen scheitern … Es geht darum, das Scheitern gelassen zu akzeptieren, verbunden mit einer gewissen Trauer, und sich neu wieder auf das einzurichten, was geht, was wichtig ist und was bleibt.»[147]

---

146 Aus philosophischer Sicht weist auch Jean-Pierre Wils im Blick auf Lebens- und Sinnkrisen im hohen Alter darauf hin, dass es eine «hohe Kunst des Scheiterns gibt, die mit Würdeverlust nichts gemein hat» (Sich den Tod geben, S. 183).

147 Kast, Altern, S. 55. Darauf, dass Altern nur über einen Prozess gelingen kann, zu dem auch Trauer über erlittene Verluste gehört, weist auch Anselm Grün hin (Die hohe Kunst des Älterwerdens, S. 30).

Allein sein können ohne Vereinsamung

Loslassen im hohen Alter wird auch auf der Ebene sozialer Kontakte zu einer besonderen Herausforderung, weil der Kreis der gleichaltrigen Bezugspersonen unweigerlich kleiner wird, weil Personen, die einem nahestanden und etwas bedeutet haben, wegsterben. Vor allem das Schicksal der Verwitwung, das Frauen häufiger erleben als Männer,[148] führt dazu, dass die Zahl der Menschen, die alleine leben, mit fortschreitendem Alter zunimmt. Das ist aber nicht automatisch mit dem Phänomen der Einsamkeit gleichzusetzen.[149] Clemens Tesch-Römer unterscheidet zwischen dem Alleinleben in einem Single-Haushalt, dem Alleinsein als Form des kürzeren oder längeren Für-sich-Seins, der Isolation als Lebenssituation mit weniger Sozialkontakten, als es nach objektiven Normsetzungen wünschbar wäre, und der Einsamkeit als subjektives Empfinden eines Defizits an Beziehungen.[150] Man kann als allein lebende ältere Person mit einem reduzierten Mass an Sozialkontakten durchaus zufrieden sein, vor allem wenn man schon in früheren Lebensphasen gelernt hat, Zeiten des Alleinseins positiv zu erleben und mit sich selber klarzukommen. In diesem Sinn dürfte der Hinweis von Anselm Grün durchaus bedenkenswert sein, dass man sich sinnvollerweise ein Leben lang darauf vorbereiten sollte, mit dem Alleinsein oder der Einsamkeit im Alter gut umzugehen.[151] Dass der Verlust des Partners oder der Partnerin

---

148 Dieser Sachverhalt ergibt sich aus der Tatsache, dass Ehen oder andere Formen fester Partnerschaft in unserem Kulturkreis häufig zwischen einer jüngeren Frau und einem älteren Mann geschlossen werden und Frauen überdies eine höhere durchschnittliche Lebenserwartung haben als Männer. Dadurch erleben Frauen häufiger das Wegsterben ihres Partners, als dies umgekehrt bei Männern der Fall ist (vgl. Hahmann, Soziale Beziehungen, S. 247).

149 Kaelin, Personale Bindung und Einsamkeit, S. 335.

150 Tesch-Römer, Einsamkeit, S. 163f.

151 Grün, Die hohe Kunst des Älterwerdens, S. 38.

nach einer oft jahrzehntelangen Ehe jedoch ein gravierender, schmerzhafter Einschnitt ist und sich auch durch noch so gute andere Beziehungen nicht kompensieren lässt, ist allerdings eine Tatsache, die es auszuhalten und mit der es zu leben gilt. Das dürfte leichter gelingen, wenn jemand nicht ausschliesslich auf den Lebenspartner oder die Lebenspartnerin fixiert war und immer schon auch ein eigenständiges Leben mit eigenen Interessen und eigenen Sozialkontakten geführt hat.

Das menschenmögliche Glück im Unglück

Der Philosoph Odo Marquard hat auf einen weiteren Weg des Umgangs mit Erfahrungen von Minderung hingewiesen. Er gibt zu bedenken, dass es Glück in unserer unvollkommenen Welt und im Leben eines Menschen immer nur zusammen mit Unglück gibt, das eine nie ohne das andere, und dass es deshalb gut ist, neben dem Glück auch das Unglück, neben dem Wachsen auch das Abnehmen, neben Gewinnen auch Verluste als etwas Normales, Erwartbares, ja Unumgängliches zu akzeptieren. «Das reine Glück ist nicht von dieser Welt […]. Menschliches Glück ist – ganz elementar – stets nur Glück im Unglück. Es besteht Grund zur Sorge, dass, wer diesen elementaren Befund nicht in Rechnung stellt, deswegen, weil er dann dem Unmöglichen nachjagt, Glücksfähigkeit verspielt: die Tüchtigkeit der Seele zum menschenmöglichen Glück.»[152] Wer aber immer schon diese Tatsache in Rechnung stellt, wird leichter mit Phänomenen von Minderung und Verletzlichkeit umgehen können, wenn er oder sie mit ihnen konfrontiert wird, ohne darob seine ‹Glücksfähigkeit› zu verlieren. Diese Einstellung findet sich schon im alttestamentlichen Hiobbuch, in dessen Rahmenerzählung der leidgeprüfte Hiob zu bedenken gibt: «Das Gute

---

152 Marquard, Glück im Unglück, S. 11.

nehmen wir an von Gott, und das Böse sollten wir nicht annehmen?»[153]

Reduktion von Erwartungen

Der Hinweis von Odo Marquard lässt sich auch so generalisieren, dass es leichter fällt, mit dem Abnehmen leben zu lernen, wenn es jemandem gelingt, seine oder ihre Erwartungen an das Leben im hohen Alter auf ein altersangepasstes Mass zu reduzieren. In der Palliative Care kennt man den sogenannten *Calman Gap*.[154] Dieser besagt, dass sich die Lebensqualität, die jemand subjektiv für sich empfindet, aus dem Verhältnis ergibt, in dem die gehegten Erwartungen zu der erlebten Realität stehen. Wer kein ‹reines Glück› erwartet, sondern von einem ‹Glück im Unglück› als erwartbarem Normalfall ausgeht, wird besser, wird zufriedener mit Defiziten, die das hohe Alter mit sich bringt, umgehen und diese eher annehmen können als jemand, der oder die Defizite als eigentlich zu verhindernde Störfaktoren ansieht, die dem erwarteten Wohlergehen

---

153 Hiob 2,10. Dahinter steht die weisheitliche Vorstellung, dass sowohl Gutes als auch Böses grundsätzlich von derselben Quelle stammen, nämlich vom Schicksal, das Gott einem Menschen zugedacht hat (Sir 11,14). Einer solchen Haltung kommt psychologisch entgegen, dass Menschen in höherem Alter offenbar leichter als in jüngeren Jahren fähig sind, positive und negative Emotionen gleichzeitig zu erleben. Verena KAST schreibt mit Verweis auf Untersuchungen von Laura L. Carstensen u. a.: «Diese Gleichzeitigkeit von positiven und negativen Emotionen kommt im höheren Alter häufiger vor […]. Positive und negative Emotionen scheinen auch nicht in Konkurrenz zueinander, in Spannung zu stehen, sondern miteinander zu koexistieren als eine wichtige Form von Ganzheitserleben: Leben besteht aus Hellem und aus Dunklem, keine der Emotionen muss die andere verdrängen … dies scheint auf eine natürliche Weise im höheren Alter selbstverständlich zu werden und Menschen zu stabilisieren. Licht und Schatten: gleichzeitig» (Altern, S. 72f.).

154 CALMAN, Quality of life in cancer patients.

Abbruch tun. Der Philosoph Gernot Böhme hat dazu geraten, «dass das Leben überhaupt nicht mehr als ein Vollzug gedacht wird, der im Prinzip störungsfrei sein könnte. Leben ist Auseinandersetzung mit Störungen, Leben ist Wachsen gegen Widerstände, Leben ist Kampf gegen Beeinträchtigung».[155] In dieser Perspektive sind Phänomene von Minderung und Verletzlichkeit leichter auszuhalten, weil sie als Ausdruck normalen, ‹gesunden›, lebendigen Lebens verstanden werden und nicht die Erwartung besteht, es dürfte sie eigentlich nicht geben.

Dankbarkeit für vergangenes Glück

Ein letzter Punkt, wie Menschen lernen können, mit Erfahrungen des Abnehmens zu leben, sei mit dem Hinweis auf Dankbarkeit benannt: Dankbarkeit für das, was früher an Glück, an Stärke, an Möglichkeiten realisiert werden konnte und zu einer Lebenssättigung geführt hat. Dadurch wird die Herausforderung, heute mit Einschränkungen und Verletzlichkeit umzugehen, nicht geringer. Aber sie kann eher gemeistert werden, weil retrospektive Dankbarkeit die Lebensbilanz insgesamt positiv ausfallen lässt und gegenwärtige Einschränkungen sie nicht einfach verdunkeln können.

Seelsorgliche Begleitung

Daneben gibt es in der christlich-spirituellen Tradition seelsorgliche Formen der Unterstützung bei der Bewältigung von Erfahrungen der Minderung. Etwa die Begleitung durch eine zuhörende Seelsorgerin oder einen zuhörenden Seelsorger, in deren Gegenwart Erfahrungen des Leidens geäussert und geklagt werden können. Biblische Klagepsalmen oder poe-

---

155 Böhme, Ich-Selbst, S. 232.

tisch-literarische Texte können dabei helfen, Sprache zu finden für das, was stumm zu machen droht. Gesten oder Worte des Segens können Mut vermitteln, eine Salbung als körperlicher Zuspruch von Gottes Zuwendung kann helfen, Schwäche auszuhalten und Leid zu ertragen. So paradox es tönen mag: Wirklich tragfähige Lebenshilfe und Lebenssinn ergeben sich nicht bloss – wie oberflächliche Betrachtungsweise anzunehmen geneigt ist – in der Befriedigung von Lust, «sondern weit mehr in der gemeinsamen wie individuellen Bewältigung der vielen negativen Aspekte, die unser Dasein prägen […]. Vor diesem Hintergrund lassen sich Altwerden, Kranksein, Leiden und Sterben als Chance zur Eröffnung spezifischer Sinndimensionen begreifen.»[156]

Spirituelles Grundvertrauen

Bei alledem geht christlicher Glaube davon aus, dass Menschen sich über alles rationale Verstehen hinaus in eine Art spirituelles Urvertrauen bergen können, das davon ausgeht, dass das Leben in allen Situationen in Gottes Händen gehalten und geborgen ist (Psalm 31,16), und dass es so über alles Leiden und Sterben hinaus in ein ewiges Leben hinein bewahrt werden wird. Die 90-jährige Theologin Leni Altwegg hat dieses Grundvertrauen einmal in säkularen Worten so formuliert: «Was immer noch kommt, ich fühle mich eingebettet in einen Sinnzusammenhang – undurchschaubar, aber letztlich zugewandt. Aus ihm kann ich nicht herausfallen, auch wenn es schwierig und dunkel werden sollte. […] Ich finde es überwältigend, dass es mich überhaupt gibt: ein bewegtes Pünktchen auf dem Erdball, der seinerseits ein Stäubchen ist im Weltall, unendlich unwichtig und doch am Leben. Manchmal habe ich ganz konkret

156 Rentsch, Alt werden, S. 174.

das Gefühl, mich in die Wölbung des Weltalls schmiegen zu können, geborgen in einem unerklärlichen Wohlwollen.»[157]

Allerdings ist eine solche Haltung des Vertrauens und der Geborgenheit in einem grösseren Sinnzusammenhang angesichts schmerzhafter Erfahrungen der Minderung im hohen Alter keineswegs selbstverständlich und kann auch von niemandem als zu erfüllendes ethisches Ideal einer Lebenskunst eingefordert werden. Christlicher Glaube kann gerade so gut dazu ermutigen, angesichts widriger Lebenserfahrungen, die manchmal eine Sinnkrise heraufbeschwören können, so etwas wie «Mut zur Sinnlosigkeitstoleranz» (Frank Mathwig[158]) zu entwickeln und sich mit der Hoffnung zu begnügen, dass das eigene Leben auch ohne konkrete Sinnerfahrung in Gottes Hand geborgen ist.

Persönliche Reflexion

- *Wo gelingt es Ihnen, in Ihrem Leben Schwächen zuzulassen?*
- *Inwiefern entspricht es Ihrer Erfahrung, dass Leben im Normalfall Auseinandersetzung mit Störungen ist (Gernot Böhme)?*
- *Kennen Sie Erfahrungen eines spirituellen Urvertrauens, dass Ihr Leben auf geheimnisvolle Weise in etwas Umfassendem geborgen ist?*

---

157 Altwegg, Ich habe gelebt, S. 90.

158 Mathwig. Worum sorgt sich Spiritual Care?, S. 37. Vgl. auch Isolde Karles Plädoyer: Sinnlosigkeit aushalten!

Offenheit für das Unverfügbare

Angesichts von Erfahrungen der Minderung wird im Alter besonders deutlich, dass Leben heisst, sich auf ein Geschehen einlassen, das wir nicht einfach in der Hand haben, das wir nicht voraussehen können und das sich unserer Kontrolle in vielfacher Hinsicht entzieht. Das verunsichert. Darin liegt eine fundamentale Herausforderung. Es ist begreiflich, dass Menschen immer schon versucht haben, sich gegen Unvorhersehbares abzusichern und die damit gegebenen Unwägbarkeiten des Lebens soweit als möglich unter Kontrolle zu bringen.

Technische, medizinische und gesellschaftliche Entwicklungen der Moderne sind, so hat der Soziologe Hartmut Rosa eindrücklich dargelegt, in besonderem Mass geprägt von einem Grundimpuls, der darauf abzielt, sich die Welt und unser individuelles Leben verfügbar zu machen, d. h. sie vorausschauend zu planen, zu regulieren und zu beherrschen – und das mit beachtlichem Erfolg. Wissenschaftlich-technische Errungenschaften haben dazu geführt, dass vieles, was früher vom Schicksal vorgegeben war, in einen Bereich gerückt ist, auf den wir durch eigene Interventionen Einfluss nehmen können. Das gilt ganz besonders im Blick auf Phänomene wie Krankheit, Alter und Sterben. Der Theologe Hans-Martin Rieger bemerkt dazu: «Die Frage, wie die Widerfahrnisse und die Kontingenzen (also die zufälligen Geschehnisse, H. R.) des Lebens anerkannt und bewältigt werden können, weicht der Frage, wie man sie reduzieren oder vermeiden könne.»[159]

Diese durch Technik und Wissenschaft möglich gewordene Entwicklung von einem Leben im Zeichen eines fremd verfügten Schicksals hin zu einem Leben im Zeichen eines selbst zu gestaltenden ‹Machsals› (Odo Marquard) ist bezeichnend für unsere Kultur. Sie ist zweifellos Ausdruck einer menschli-

---

159 Rieger, Gesundheit, S. 19.

chen Emanzipation, die uns grosse Freiheit und Möglichkeiten der Selbstbestimmung gebracht hat. Darauf möchte wohl niemand verzichten.

Dinge geschehen lassen können

Allerdings hat diese Entwicklung auch eine Kehrseite: Der Zuwachs an Freiheit und Selbstbestimmung hat zu einer Mentalität geführt, die stark von dem Bedürfnis geprägt ist, alles unter Kontrolle zu haben und den Lauf der Dinge selber steuern zu können. Wir laufen dabei Gefahr, vor lauter Bemühung um Planung und Absicherung die Fähigkeit zu verlieren, Dinge einfach geschehen zu lassen, anzunehmen, was auf uns zukommt, was uns schicksalshaft widerfährt, und damit auf eine gute, lebensdienliche Art und Weise umzugehen. Wir riskieren, die Kunst zu verlernen, mit dem Unverfügbaren umzugehen. Dieser Aspekt gehört jedoch ebenso sehr zu einem erfüllten Leben wie das Bestreben, das Leben zu planen, verantwortlich zu gestalten und durch eigenes Entscheiden zu kontrollieren.

Gerade wenn uns Krankheiten heimsuchen oder wenn uns im Alter abnehmende Kräfte und Einbussen an Fähigkeiten (zum Beispiel der Sinne) zu schaffen machen, sind diese ‹passiven› Fähigkeiten des Lebens gefragt. Gerade dann sind sie wichtig, um sich offen und konstruktiv auf Unvorhergesehenes, auf Unverfügbares, auf uns schicksalshaft Zugemutetes einlassen, es annehmen und in unser Leben integrieren zu können. Für die Psychologin Verena Kast ist es geradezu Ausdruck einer gewissen Altersweisheit, «nach und nach zu lernen, was kontrolliert werden kann, auch kontrolliert werden muss, und was man getrost auf sich zukommen lassen kann oder muss».[160]

---

160 Kast, Altern, S. 25. In ähnlichem Sinn meint Wilhelm Schmid: «Selbstbestimmung kann nicht im Ernst bedeuten, über das Selbst und sein Leben

Denn das Leben besteht grundsätzlich aus einem Wechselspiel zwischen dem, was in unserer Verfügungsgewalt liegt, und dem, was uns unverfügbar ist.

Sich überraschen lassen

Für ein gelingendes, erfülltes Leben ist es wesentlich, beiden Aspekten gegenüber eine angemessene Einstellung zu entwickeln: einerseits eine Bereitschaft, Verantwortung zu übernehmen für das, was unserer Planung und Selbstbestimmung zugänglich ist (z. B. durch das Erstellen einer Patientenverfügung), andererseits eine möglichst angstfreie Offenheit für das, was uns ohne eigenes Wollen und Dazutun schicksalshaft widerfährt (z. B. gesundheitliche Probleme im Alter). Beides ist nicht immer einfach; beides will immer wieder gelernt und eingeübt werden. Dabei fällt es uns heute wohl schwerer, den letztgenannten Aspekt ernst zu nehmen und in seiner Sinnhaftigkeit anzuerkennen. Der Freiburger Medizinethiker Giovanni Maio trifft wohl etwas Zentrales, wenn er festhält: «Wir verkennen heute, im Zeitalter des Managements, dass es letztlich die Offenheit des Lebens, die Ungewissheit um die Zukunft ist, die unserem Leben Sinn verleihen kann.» Denn als freie, schöpferische Gestalter unseres Lebens «empfinden wir uns nur dann, wenn sich im Leben das Unerwartete ergibt, wenn es gespickt

vollständig verfügen zu wollen. Ein souveränes Selbst ist keineswegs dasjenige, das überall und jederzeit vollkommen frei über sich selbst bestimmen kann, sondern dasjenige, das relative Klarheit darüber gewinnt, wo Selbstbestimmung möglich ist und wo nicht. Souverän ist es darin, das eine vom anderen unterscheiden zu können und sich auch bestimmen zu lassen, statt immer nur selbst bestimmen zu wollen. Denn Selbstbestimmung ist ein aktiver ebenso wie ein passiver Prozess, ein Tun ebenso wie ein Hinnehmen und Lassen, ein eigenes Gestalten wie auch ein Sich-Gestaltenlassen von anderen, von Umständen und Situationen» (Mit sich selbst befreundet sein, S. 119).

ist mit Unvorhersehbarem, Unwägbarem und wenn es voller Ereignisse ist, die uns überraschen. Auch das Unerbetene gehört zu den Dingen im Leben, die ihm Tiefe verleihen. Ein Leben aber, in dem wir nichts Unerbetenes hätten, in dem uns weder etwas herausfordern noch überraschen noch vor eine Aufgabe stellen würde, wäre vermutlich ein durch und durch sinnloses Leben.»[161]

Aber eben diese Dimension, die Fähigkeit, mit Nicht-Machbarem und Nicht-Kontrollierbarem lebensdienlich umzugehen, wurde im Gefolge der Ausweitung des Raums technischer Machbarkeit in der Moderne weitgehend vernachlässigt und verkümmerte. Nach Martin Rieger ist «der moderne Mensch zunehmend weniger in der Lage, mit Sachverhalten bzw. Ereignissen umzugehen, die durch die technische Weltbeherrschung nicht abgedeckt werden. Er verliert dabei eine wichtige Fähigkeit, eine wichtige Form menschlichen Könnens.»[162]

Gelassenheit

Gerade mit zunehmendem Alter kann das Risiko steigen, dass uns Unvorhergesehenes zustösst, das uns zu schaffen macht. Dann sind wir herausgefordert, uns flexibel an die neue Situation anzupassen, sie in unseren Lebensentwurf zu integrieren und das Beste daraus zu machen. Ängstliche Abwehr oder Verdrängung helfen in solchen Situationen nicht weiter. Der Versuch, alles unter Kontrolle zu bringen, ist dann zum Scheitern verurteilt. Das Gegenteil von Kontrolle ist Gelassenheit, die Bereitschaft, Unerwartetes zuzulassen, etwas so sein zu lassen,

---

161 Maio, Medizin ohne Mass?, S. 191f. Jan Baars gibt zu bedenken, dass «developing an art of aging not only entails sustaining or enlarging the possibilities to exercise control over certain situations but also developing meaningful ways of encountering situations in life that *cannot* be controlled» (Aging and the Art of Living, S. 244).

162 Rieger, Gesundheit, S. 28f.

wie es sich nun einmal ergibt. Diese mutige, kraftvolle Haltung der konstruktiven Auseinandersetzung mit dem, was einem an Unverfügbarem widerfährt, wird in der philosophischen Tradition als *resignatio* bezeichnet. Sie ist – ganz im Gegensatz zu dem, was wir heute mit dem deutschen Begriff Resignation meinen – eine Art aktive Passivität, die in einer Haltung der Gelassenheit zum Ausdruck kommt, die *zulassen* kann, was auf einen zukommt, ohne alles im Griff haben zu wollen; einer Gelassenheit auch, die sich vertrauensvoll dem *überlassen* kann, was mit einem jenseits eigener Verfügbarkeit geschieht. Dabei ist zu bedenken, dass sich eine solche Haltung, die im Alter besonders relevant wird, eigentlich für alle Lebensalter empfiehlt. Denn «die wichtigsten Erfahrungen im Leben sind nicht kontrollierbar. Das Wichtigste im Leben ist unverfügbar – nicht nur im Alter. Das gilt für unsere Herkunft, das gilt für das Jetzt, das gilt für unsere Zukunft, das gilt weitgehend für Beziehungen.»[163]

Persönliche Reflexion

– *Wie reagieren Sie auf Unerwartetes, das Ihnen zustösst und das Sie nicht kontrollieren können?*

– *Trauen Sie sich zu, auf gute Weise auch mit Situationen umgehen zu können, die Sie sich nicht gewünscht hätten?*

– *Können Sie im Blick auf eigene Erfahrung die Aussage nachvollziehen, dass auch die Auseinandersetzung mit Unerbetenem dem Leben Sinn und Tiefe verleihen kann (Giovanni Maio)?*

163 Kast, Altern, S. 35.

Annahme von Abhängigkeit

Fundamentale menschliche Hilfebedürftigkeit

Zum Unverfügbaren im Alter gehört unter anderem die Erfahrung, in der Bewältigung des alltäglichen Lebens verstärkt auf die Hilfe und Unterstützung von anderen Personen und Institutionen angewiesen zu sein. Zur oben schon einmal angesprochenen paulinischen Perspektive der Charismenlehre, derzufolge alle Menschen Begabungen und Fähigkeiten haben, die im Zusammenspiel mit anderen zur Entfaltung kommen, gehört auch die Kehrseite: Jede Begabung weist auf Begrenzungen hin. Niemand besitzt umfassende Fähigkeiten, die es erlauben würden, völlig autark das eigene Leben zu meistern. So wie alle über ein gewisses Potenzial verfügen, ihr Leben selbst zu gestalten und zum Wohl anderer beizutragen, so sind alle auch mehr oder weniger auf die Hilfe und Unterstützung anderer angewiesen. Diese gegenseitige Abhängigkeit ist nichts, was es zu vermeiden gilt, sondern sie ist ein fundamentaler Aspekt der *condition humaine*, die den Menschen jeden Alters als soziales Wesen auszeichnet, die aber im höheren Alter oft besonders intensiv erfahren wird.[164]

Von anderen abhängig zu sein, gilt allerdings in westlichen Gesellschaften nach einer langen moralphilosophischen Tradition weithin als ein Zeichen von Schwäche und Inkompetenz, als etwas Beschämendes und Entwürdigendes, das es wenn irgendwie möglich zu vermeiden gilt.[165] Denn westlich-liberale Gesellschaften sind ganz auf Unabhängigkeit fokussiert, auf Autonomie und Kontrolle über alles, was geschieht, so sehr, dass diese Haltung nach dem Urteil des Medizinethikers Daniel Callahan schon «fast die Qualität einer Besessenheit ange-

---

164 Rieger, Altern anerkennen und gestalten, S. 115f. Zum Folgenden s. Rüegger, Von der anspruchsvollen Kunst der Abhängigkeit.

165 MacIntyre, Dependent rational animals, S. 2–7.

nommen hat».[166] Autonomie verstanden als Selbstständigkeit in der Bewältigung des Alltags wird verabsolutiert und scheint vielfach geradezu als Voraussetzung für eine menschenwürdige Existenz zu gelten. Die Angst davor, von anderen mit zunehmendem Alter abhängig zu werden, auf fremde Hilfe angewiesen zu sein und andern zur Last zu fallen, ist weit verbreitet und nachvollziehbar.[167]

Entsprechend schwierig ist es in einem solchen gesellschaftlichen Kontext, sich sein Angewiesensein auf die Hilfe anderer einzugestehen und von anderen Hilfe anzunehmen. Hinter dieser Schwierigkeit steht ein einseitiges, liberales Konzept von Autonomie, das Autonomie nur als Selbstständigkeit im Sinn von negativer Freiheit versteht: frei von jeder Einflussnahme durch andere und frei von jeglicher Abhängigkeit von anderen. Diese Vorstellung von Selbstständigkeit und Unabhängigkeit ist jedoch eine Abstraktion und wird der Realität menschlichen Lebens in keiner Weise gerecht. Sie ist – mit den Worten des amerikanischen Altersethikers Harry R. Moody zu sprechen – eher so etwas wie eine «narzisstische Illusion».[168]

---

166 Callahan, Nachdenken über den Tod, S. 18.

167 Thomas Klie weist darauf hin, dass andern zur Last zu fallen, den eigenen Angehörigen oder der Gesellschaft insgesamt, die grösste Befürchtung älterer Menschen ist (Wen kümmern die Alten?, S. 134). Vgl. dazu die Untersuchung von Sabine Pleschberger, Nur nicht zur Last fallen.

168 Harry R. Moody schreibt: «A superficial reading of dependency risks making us oblivious to our common human fate: we were all once dependent, we will be so again, and we are so in manifold ways even at this moment. The blindness of adulthood is an intoxication with the illusion of independence. Perpetuating narcissistic illusions of independence – including noninterference – carries tremendous moral risks for a culture that idolizes independence and autonomy in every sphere of life, as ours does» (The cost of autonomy, S. 121).

Dialektik von Selbstständigkeit und Abhängigkeit

Aufgrund des leiblichen und sozialen Charakters menschlicher Existenz gibt es Selbstbestimmung und Selbstständigkeit nur zusammen mit Abhängigkeit. Der amerikanische Moralphilosoph George J. Agich hat darum recht, wenn er von einer fundamentalen anthropologischen Dialektik, also von einem Wechselspiel von Abhängigkeit und Unabhängigkeit spricht und darauf hinweist, dass wir uns immer schon in einem sozialen Gefüge vorfinden, das von Interdependenz, also von gegenseitigem Aufeinander-angewiesen-Sein bestimmt ist.[169] Insofern ist Autonomie nicht als Gegensatz von Abhängigkeit zu verstehen, sondern als selbstverantwortliche Souveränität im Umgang mit Freiheiten und Abhängigkeiten, die beide gleichermassen zu jedem Leben gehören. Das mag in höherem Alter bei zunehmender Gebrechlichkeit besonders deutlich erfahrbar werden, gilt aber grundsätzlich auch im Blick auf frühere Lebensphasen. Denn mit dem Ethiker Jean-Pierre Wils gilt es zu bedenken: «Unser Körper-Sein ist mit zahlreihen Abhängigkeiten behaftet – Abhängigkeiten, die uns zuallererst mit dem anderen in Verbindung setzen und uns mit einem gehörigen Mass an Passivität konfrontieren. Wir ‹empfangen› das meiste, woraus wir leben und handeln. Es gibt ein Mass an Passivität, das unserer Handlungsautonomie einschränkend zuvorkommt. Was zuerst kommt, ist nicht unsere Autonomie, sondern die geteilte Erfahrung der Abhängigkeit.»[170]

---

169 Agich, Dependence and autonomy in old age, S. 96.

170 Wils, Autonomie und Passivität, S. 45.

Die ‹Kunst der Abhängigkeit›

Alte Menschen sind darum in doppeltem Sinne gefordert: zum einen ihre Fähigkeiten bzw. Ressourcen ernsthaft wahrzunehmen und im Dienst einer möglichst selbstständigen Lebensführung einzusetzen, zum andern ihren mit zunehmendem Alter oft wachsenden Unterstützungsbedarf anzuerkennen und sich entsprechend helfen zu lassen. Die Theologin und Psychotherapeutin Ingrid Riedel spricht diesbezüglich von einer «Kunst der Abhängigkeit»,[171] die darin besteht, zwischen Abhängigkeiten zu unterscheiden, die durch Aktivierung eigener Ressourcen zu überwinden sind, und solchen, die es nicht zu überwinden, sondern zu akzeptieren gilt, um sich dann von anderen helfen zu lassen. Nach Riedel ist Abhängigkeit Ausdruck einer zutiefst menschlichen Angewiesenheit auf Andere. Sie vermeiden zu wollen, wäre nur um den Preis des Verlustes sozialer Bezogenheit und Mitmenschlichkeit möglich. Gerade die Auseinandersetzung mit der Realität des Alters, insbesondere des hohen Alters, kann dafür sensibilisieren, dass Angewiesenheit eine Grundsignatur allen Menschseins darstellt, ohne die erfülltes, humanes Leben gar nicht denkbar ist, und dass es genuin menschlich ist, auf die Hilfe anderer angewiesen zu sein.[172]

---

171 Riedel, Die Kunst der Abhängigkeit. Vgl. auch Rüegger, Von der anspruchsvollen Kunst der Abhängigkeit.

172 Der Theologe Fulbert Steffensky formuliert treffend: «Die Bedürftigkeit ist der Grundzug aller Humanität» (Mut zur Endlichkeit, S. 18). Vgl. auch den Hinweis von Andreas Brenner: «Wer Hilfe annimmt, begibt sich bereits auf den Weg der Stärke, weil er die Stärke zeigt, seine Angewiesenheit auf Hilfe und damit seine akute Schwäche einzuräumen. Diese starke Selbstsicht macht erst zur Hilfe bereit, was denn auch das *primäre* Verständnis von *Hilfsbereitschaft* (‹ich bin bereit, mir helfen zu lassen›) ist, welche dem *allgemeinen* Verständnis von Hilfsbereitschaft (‹ich bin bereit zu helfen›) vorausgeht» (Altern als Lebenskunst, S. 154).

Dies ist im Blick auf eine theologische Anthropologie wohl auch die umfassende Bedeutung der Aussage im zweiten biblischen Schöpfungsbericht, dass es für den Menschen nicht gut ist, alleine zu sein, weswegen ihm Gott eine Hilfe gemacht habe, die ihm gemäss sei (Genesis 2,18) – eine Hilfe, die ihn unterstützen soll, von der er aber auch abhängig ist, wenn sein Leben gelingen soll. Menschsein vollzieht sich im Modus gegenseitigen Aufeinander-verwiesen-Seins und Aufeinander-angewiesen-Seins.

Gernot Böhme spricht statt von Autonomie lieber vom Ideal der Souveränität des Menschen und unterstreicht: «Der Souveräne ist sich dessen bewusst, dass er in dem, was er ist, von seinem Leib, den anderen und den Umständen abhängig ist»,[173] und er ist gerade darin souverän (oder autonom-selbstbestimmt), dass er solche Abhängigkeit als zu gelingendem Menschsein dazu gehörig akzeptieren kann.[174] Und in theologischer Hinsicht gibt Gunda Schneider-Flume zu bedenken: «Abhängigkeit erscheint wie eine Kränkung des (primären) Narzissmus ... Im Lichte der Geschichte Gottes kann Abhängigkeit aber auch anders gedeutet werden. Sie ist die Befreiung davon, sich selbst leisten zu müssen, und die Befreiung dazu, sich annehmen zu lassen, selbst mit schwindenden Kräften.»[175] In dieser Perspektive lässt sich der Prozess des Alterns auch als «im Lebensvollzug Ereignis werdende Konkretisierung der im Glauben bekannten Angewiesenheit» des Menschen auf Gott verstehen.[176] Auch darum ist die Einübung einer Kunst der Abhängigkeit ein wesentlicher spiritueller Aspekt eines christlichen Verständnisses des Alters.

---

173 Böhme, Ethik leiblicher Existenz, S. 200.

174 Böhme, Ich-Selbst, S. 242.

175 Schneider-Flume, Alter – Schicksal oder Gnade?, S. 37.

176 Rieger, Altern anerkennen und gestalten, S. 119.

Leben im Modus des Empfangens

Abhängigkeit akzeptieren zu lernen bedeutet zugleich, sich klar zu machen, dass wir als Menschen immer schon im Modus des Empfangens, des Beschenktwerdens durch die Unterstützung von anderen leben. Wir leben ganz wesentlich dank dem und von dem, was uns von anderen zukommt, was sie an Hilfreichem zu unseren Lebensmöglichkeiten beitragen. Insofern hat der Theologe Fulbert Steffensky recht, wenn er pointiert festhält: «Unabhängigkeit als Ideal ist die Selbstverdammung zur eigenen Dürftigkeit. Ich muss mein eigener Lebensmeister sein, und mehr als mich selbst ist nicht zu haben. Ich muss mein eigener Kraftspender, Lehrer und Tröster sein. Ich muss der Bäcker meiner eigenen Lebensbrote sein.»[177] Das aber wäre eine zwar unabhängige, autarke, aber trostlose Existenz. Demgegenüber hält es Steffensky geradezu für schön und lebenserleichternd, angewiesen zu sein und sich dafür im Modus des Empfangens wahrnehmen zu können, sich vielleicht sogar ein Stück weit aus der Hand geben und der Sorge anderer anvertrauen zu dürfen. Darin kann eine mögliche Quelle von Sinnerfahrung liegen – gerade im Wahrnehmen eigener Abhängigkeit. Allerdings fügt Steffensky dieser Aussage die Bemerkung hinzu: «Es ist eine schwere Kunst, bedürftig zu sein und sich trösten zu lassen, die Kunst der Passivität. Viel Erwachsenheit gehört zu ihr, vielleicht auch viele Lebensniederlagen.»[178] Darum dürfte man im Alter wohl eher Zugang zu dieser Kunst finden als in jüngeren Jahren.

Je ehrlicher diese Akzeptanz von Abhängigkeit erfolgt, desto besser ist es möglich, sie nach eigenen Präferenzen zu gestalten. Denn «man kann nur mit dem richtig umgehen und es entsprechend *gestalten*, was man *anzuerkennen* bereit ist – dazu

177 Steffensky, Der alltägliche Charme des Glaubens, S. 81f.
178 Ebd., 82.

gehört die Angewiesenheit.»[179] Der Gerontologe Andreas Kruse hat deshalb mit gutem Grund die bewusst angenommene Abhängigkeit neben der Selbstständigkeit, der Selbst- und der Mitverantwortung als zentrale Kategorie einer Altersethik und als zentrale Voraussetzung für ein gelingendes Leben im Alter identifiziert.[180]

Persönliche Reflexion

- *Können Sie eigene Abhängigkeit von der Unterstützung anderer zulassen und akzeptieren?*
- *Wie unterscheiden Sie zwischen Formen der Abhängigkeit, die nach Möglichkeit auf grössere Selbstständigkeit hin zu überwinden sind, und solchen, die es bewusst zu akzeptieren gilt?*
- *Gibt es Situationen, in denen Sie die positive Erfahrung machen, dass es schön ist, sich anderen zumuten, ihrer Unterstützung anvertrauen und als abhängige Person annehmen lassen zu können?*

---

179 Rieger, Zwischen Alterslob und Altersklage, S. 141.

180 Kruse, Selbständigkeit.

Zulassen des Pathischen

Leidensfähigkeit

Abhängigkeit bewusst annehmen zu können, setzt voraus, dass Menschen ihre pathischen Fähigkeiten entwickeln. Gemeint ist damit die Fähigkeit, belastende Erfahrungen auszuhalten und auf konstruktive Weise zu erleiden (pathisch kommt vom griechischen Wort *paschein*, was leiden bedeutet), ohne an den Belastungen zu zerbrechen oder in die Rolle eines ohnmächtigen Opfers zu verfallen. Es geht hier um das, was Viktor E. Frankl, der Begründer der Logotherapie und Existenzanalyse, als Leidensfähigkeit, und zwar als Fähigkeit zu «aufrechtem Leiden»,[181] bezeichnet hat.

Auf dem Hintergrund seiner eigenen Erfahrungen in mehreren nationalsozialistischen Konzentrationslagern liegt für Frankl eine besondere Bedeutung in der Leidensfähigkeit, die Menschen in Zusammenhang mit ihnen vom Schicksal auferlegtem Leiden entwickeln können. «Leiden heisst leisten und heisst wachsen. Aber es heisst auch reifen [...]. Ja, die eigentliche Leistung des Leidens ist nichts anderes als ein Reifungsprozess. Die Reifung jedoch beruht darauf, dass der Mensch zu innerer Freiheit gelangt – trotz äusserer Abhängigkeit.»[182] Zu solcher Freiheit gelangt man durch das, was Frankl «aufrechtes Leiden» nennt,[183] ein Leiden, das einem schicksalhaft vorgegeben, also nicht abwendbar oder überwindbar ist, und dem sich die leidende Person, der *homo patiens*, in einer existenziellen Entscheidung bewusst stellt – nicht in einer resignierten Opferhaltung, sondern in einer mutigen Haltung des Sich-Einlassens auf die gegebene Herausforderung. «*Der Mut zum Leiden* – dies ist es, worauf es ankommt», sagt Frankl. «Es gilt, das

181 Frankl, Der leidende Mensch, S. 202–211.
182 Ebd., S. 207.
183 Ebd., S. 205.

Leiden anzunehmen, das Schicksal zu bejahen, sich ihm zu stellen»,[184] um es dann auszuhalten und innerlich zu bewältigen. Wem es gelingt, sich solche Leidensfähigkeit zu erwerben und zu ‹er-leiden›, der oder die verwirklicht nach Frankl die höchsten Sinn- und Wertmöglichkeiten, die Menschen zugänglich sind.[185] Dabei erschliesst sich der leidenden Person in einer solchen Haltung die fundamentale Wahrheit, «dass menschliches Sein zutiefst und zuletzt Passion ist – *dass es das Wesen des Menschen ist, ein leidender zu sein: homo patiens.*»[186] Das Sein des *homo patiens* verwirklicht sich als sinnvolle, zutiefst menschliche Existenzmöglichkeit gerade im Umgang mit Phänomenen des Unverfügbaren, der Minderung und der Abhängigkeit, wie sie im hohen Alter nicht zu umgehen sind.

Ethik des Pathischen

Solche von Frankl fokussierten pathischen Fähigkeiten sind lebenswichtig, nicht nur, aber ganz besonders im Alter. Sie sind gefragt, wenn jemand vor der Herausforderung steht, Unerwartetes und Unverfügbares zu verarbeiten, das einem schicksalshaft widerfährt und das sich der eigenen Kontrolle entzieht.[187] Gernot Böhme plädiert darum dafür, die gängige

---

184 Ebd., S. 209.

185 Frankl spricht von sogenannt «Einstellungswerten» (ebd., S. 203).

186 Ebd., S. 208.

187 Dorothee Sölle weist auf die Problematik hin, dass solche pathischen Fähigkeiten in unserer Kultur eher verkümmern und nicht mehr eingeübt werden: «Wir sind schon lange nicht mehr nur Erduldende unseres Lebens. Wir brauchen uns nicht mehr in stummem Einverständnis unter alles zu beugen, was kommt. Wir sind Täter geworden und haben gelernt, die Gesetze von Vorgängen zu durchschauen, in sie einzugreifen, Krankheiten zu vertreiben, das Leben zu verlängern, Macher des eigenen Lebens und Schicksals zu sein. Dabei verkümmert die pathische Begabung der Menschen, ihre Fähigkeit, etwa zu erleiden. Das Leben anzunehmen, sich Grenzen zuzugeben, das Leben auch im Fragment und in der Gebrochenheit als

Ethik des Handelns durch eine Ethik des Pathischen, also des Erleidens und des Aushaltenkönnens zu erweitern. Souveränität setzt seiner Meinung nach eine bewusste «Selbstkultivierung im Sinne der Ethik des Pathischen voraus. Das bedeutet zuallererst die Bereitschaft, sich auszusetzen, sich etwas widerfahren zu lassen.»[188]

Resilienz

Dabei gilt es, Resilienz zu entwickeln, also psychische Widerstandskräfte, mit deren Hilfe eine belastende Situation bewältigt werden kann. Solche Resilienz kann, wie die Psychologin und Theologin Brigitte Schäfer betont, bis ins hohe Alter trainiert und gestärkt werden. Sie nennt eine ganze Reihe von Möglichkeiten, wie das geschehen kann: etwa durch Emotionssteuerung, die auf das Positive, Gelingende fokussiert; indem man sich bewusst um eine Haltung bemüht, die von einem realistischen Optimismus ausgeht; durch die Pflege einer Selbstwirksamkeitserwartung, die davon ausgeht, dass einem auch in unerwarteten, belastenden Situationen Handlungsoptionen offenstehen und man auf interne oder externe Ressourcen zurückgreifen kann, die Probleme handhabbar machen; durch das Entwickeln von Selbstvertrauen, das sich Problemlösungskompetenz zutraut; oder durch das Generieren von Sinnperspektiven, die einem auch in schwierigen Situationen Orientierung vermitteln.[189] Der Gerontologe Andreas Kruse weist

---

sinnvoll zu betrachten, all das wird nicht eingeübt. Wer nur gelernt hat, im Modus der Aktion zu leben, … der kann nicht mit Situationen umgehen, in denen er oder sie nichts machen kann, in denen die Täterschaft an ihre Grenzen stösst» (Mystik des Todes, S. 31). Hier eröffnet sich gerade für das Alter ein wichtiges Übungsfeld.

188 Böhme, Ethik leiblicher Existenz, S. 188.200.

189 Schäfer, Resilienz, S. 28–95.

noch auf weitere Quellen internaler, also auf psychischer Ebene liegender Resilienz hin[190]: etwa eine realistische Einschätzung eigener Bewältigungsressourcen, Erinnerungen an frühere Erfahrungen gelingender Verarbeitung von Problemen oder eine Haltung innerer Offenheit für das, was das Leben einem bringt und zumutet. All dies sind Strategien, die einem helfen können, sich auf nicht zu verhindernde Herausforderungen einzulassen und damit konstruktiv umzugehen.

Neben diesen internalen Aspekten gibt es auch externale, äussere Faktoren, die Resilienz stärken:[191] So ist es hilfreich, wenn man sich durch ein soziales Netzwerk von anderen Menschen begleitet erfährt, die einen zu einer solchen Haltung ermutigen und auf deren solidarische Hilfe durch Rat und Tat man sich gegebenenfalls verlassen kann. Wer sich durch tragende Beziehungen gehalten weiss, traut sich eher zu, auch Situationen der Ungewissheit zu meistern, ohne alles im Griff haben zu müssen. Auch das Wissen um und Zugang zu institutionellen Unterstützungssystemen und deren Dienstleistungen sind wichtig, weil dadurch die eigene Widerstandskraft und Bewältigungsfähigkeit erhöht wird. Und schliesslich hängt der Grad von Resilienz, den jemand realisieren kann, auch vom Mass an materiellen und instrumentellen Ressourcen ab, über die eine Person verfügt.

Im Alter kann die Erinnerung daran Mut machen, wie viele Krisen im bisherigen Leben bereits bewältigt wurden – dann wird sich auch das Unerwartete, Unerbetene, das jetzt zur Herausforderung wird, irgendwie meistern lassen. Und mit jeder gemeisterten Krise wird das Repertoire an Strategien zur Lebensbewältigung grösser, wird das Vertrauen in die eigenen pathische Fähigkeiten gestärkt.

---

190 Kruse, Lebensphase hohes Alter, S. 174.

191 Ebd., S. 175.

Persönliche Reflexion

- *Kennen Sie aus Ihrem eigenen Leben die Erfahrung, dass das Aushalten und Ertragen von Leiden zu einem Prozess des Wachsens und Reifens geführt hat?*

- *Können Sie nachvollziehen, dass es ein Grundzug des Menschen ist, ein homo patiens, ein Leiden Ertragender zu sein (Viktor E. Frankl), ohne deshalb in eine depressive oder masochistische Haltung abzugleiten?*

- *Welche Resilienz-Faktoren sind bei Ihnen ausgeprägt?*

Krankheit und Gesundheit

Zu den Risiken und den Erfahrungen von Minderung im fortschreitenden Alter gehören Erfahrungen erhöhter Vulnerabilität und Fragilität. Die Konfrontation mit oft chronischen somatischen oder psychischen Krankheiten wird unumgänglich. Multimorbidität, das Leiden an verschiedenen Krankheiten gleichzeitig, ist ein gängiges Phänomen der Hochaltrigkeit. Eine Lebenskunst des Alters kommt nicht darum herum, sich mit dieser Realität auseinanderzusetzen und eine reflektierte Einstellung zu Gesundheit und Krankheit zu entwickeln. Dies erweist sich allerdings als anspruchsvoll in einer Gesellschaft, deren Entwicklung im 21. Jahrhundert Ilona Kickbusch und Susanne Hartung als Übergang zu einer «Gesundheitsgesellschaft» beschrieben haben [192] und in

192 KICKBUSCH/HARTUNG, Die Gesundheitsgesellschaft. Nach diesen beiden Forscherinnen wird die Gesundheitsgesellschaft von einer Dynamik getrieben, die in vier Maximen zusammengefasst werden kann: «1. Gesundheit ist grenzenlos. 2. Gesundheit ist überall. 3. Gesundheit ist

der Gesundheit für viele als höchstes Gut gilt («Hauptsache gesund!»).[193]

Alter – natürlich oder pathologisch?

Herausfordernd ist der Umgang mit Krankheit im Alter auch auf dem Hintergrund radikaler Anti-Aging Positionen oder biogerontologischer Sichtweisen, die Altern – insbesondere in seinen körperlichen Erscheinungsformen – nicht als normale, natürliche Entwicklungsform menschlichen Lebens verstehen, sondern als in sich selbst pathologisch deklarieren und damit als Krankheit definieren.[194] Für Betroffene sind degenerative Phänomene natürlichen Alterns und altersassoziierte Erkrankungen erlebensmässig kaum grundsätzlich unterscheidbar.[195] Dennoch macht es Sinn, aus gerontologischer Perspektive zwischen Altern als einem natürlichen Prozess und damit verbundenen altersassoziierten Krankheiten und Behinderungen zu unterscheiden. Ersterer ist als konstitutiv zum Leben gehörend anzuerkennen; Letztere sind soweit möglich präventiv zu ver-

---

machbar. 4. Jede Entscheidung ist auch eine Gesundheitsentscheidung» (S. 19).

193 Hans-Martin Rieger schreibt: «Die Gesundheit rückt immer mehr zum letzten Lebensziel und zum höchsten Gut auf. Man könnte dies in kulturgeschichtlicher Perspektive als Ergebnis einer Säkularisierung von religiösen Heilserwartungen deuten: Der Mensch muss sein Glück nunmehr diesseitig in einem gelingenden Leben selbst realisieren. Und dafür ist die Gesundheit die unverzichtbare Voraussetzung» (Leiblichkeit in theologischer Perspektive, S. 204).

194 Diese Sicht ist nicht neu. Sie reicht bis in die Antike zurück. So hat schon Aristoteles das Alter als eine natürliche Krankheit bezeichnet und der Komödiendichter Terenz in Aufnahme eines Wortes von Apollodor von Karystos die bekannte Sentenz formuliert: *senectus ipsa morbus* (Das Alter selbst ist eine Krankheit). Auch Cicero lehrte, man müsse gegen das Alter wie gegen eine Krankheit kämpfen (Cato Maior, S. 55).

195 Akashe-Böhme/Böhme, Mit Krankheit leben, S. 101.

hindern oder therapeutisch zu behandeln. Dabei sind die beiden Bereiche nicht immer klar voneinander zu unterscheiden, sondern überlappen sich.

Die Unterscheidung zwischen Alterungsprozess und Krankheit ist allein schon deshalb hilfreich, weil eine Pathologisierung und Medikalisierung des Alters es schwierig macht, Alter als Lebensphase anzunehmen und konstruktiv zu gestalten. «Je mehr die Medizin das Alter als einen Feind betrachtet, den es zu bekämpfen gilt, desto schwerer wird es, zu altern.»[196] Darum ist mit dem Hauptstrang der Tradition und auch der heutigen gerontologischen Diskussion daran festzuhalten, dass der Alterungsprozess als solcher, auch wenn er zu körperlichen Schädigungen führt und tödlich endet, nicht als ein Krankheitsprozess zu betrachten ist.[197]

Gesundheit – Fitness – Wellness

Damit stellt sich aber die Frage, wie in einer Lebenskunst des Alterns mit Erfahrungen von im Alter zunehmender Krankheit und Verletzlichkeit umgegangen werden soll. Krankheit wird heute in der Öffentlichkeit weithin und unreflektiert als eine Art gesundheitliche Panne verstanden, als ein Zwischenfall, der nicht sein sollte und den man durch geeignete medizinische Massnahmen meist wieder beheben kann. Hartmut Rosa beschreibt unsere spätmoderne Einstellung zu Krankheit als «etwas, das prinzipiell in den Griff gebracht werden müsste, als etwas, das wir durch eine gesunde Ernährung, ausreichend Schlaf und Bewegung usw. vermeiden oder aber mit medizinischen Mitteln besiegen und beseitigen können müssten. Das moderne Verhältnis zur Krankheit ist ein reines Aggressionsverhältnis – *weg damit!* – und da, wo wir nicht gewinnen können, erscheinen wir als

---

196 Maio, Medizin ohne Mass?, S. 146.

197 Lanzerath, Medikalisierung, S. 409.

selbstunwirksame Versager.»[198] Und wie um alle Risiken auszuschliessen und das maximal Machbare zu erreichen, setzen wir uns heute nicht nur für *Gesundheit* ein, sondern für deren Steigerung als *Fitness* und darüber hinaus noch für *Wellness*. Wer diese Ziele nicht erreicht, hat nach landläufiger Meinung etwas falsch gemacht oder Pech gehabt. Das macht es schwer, das Alter mit seinen damit allenfalls verbundenen Krankheiten anzunehmen.

Im Gegensatz dazu hat sich in den letzten Jahrzehnten im interdisziplinären Diskurs ein entscheidender Wandel im Gesundheitsverständnis vollzogen, der gerade für das Verständnis von Gesundheit im Alter hoch bedeutsam ist. Dieses Verständnis ist durch vier Aspekte charakterisierbar.

Gesundheit-Krankheit-Kontinuum

Erstens ist von dem Konzept Abschied zu nehmen, ‹gesund› und ‹krank› seien zwei alternative Zustände, denen man Menschen zuordnen könne und denen zufolge jemand als gesund oder krank zu gelten hat. Demgegenüber werden ‹gesund› und ‹krank› vielmehr als zwei Pole verstanden, zwischen denen sich Menschen auf einem stufenlosen Kontinuum hin- und herbewegen: mal mehr in Richtung Gesundheit, mal mehr in Richtung Krankheit, auf der einen (z. B. körperlichen) Ebene vielleicht näher beim Pol Krankheit, auf einer anderen (z. B. psychischen) Ebene vielleicht näher beim Pol Gesundheit. Mit Hans-Martin Riegers Worten: «Menschen sind nicht entweder gesund oder krank, sie sind mehr oder weniger gesund oder krank. Kontinuumsmodelle halten zu Recht fest, dass gesunde Menschen nicht ohne kranke Anteile und selbst schwerkranke Menschen nicht ohne gesunde Anteile sind.»[199] Von einer sol-

---

198 Rosa, Unverfügbarkeit, S. 91.

199 Rieger, Leiblichkeit in theologischer Perspektive, S. 206; ders., Gesundheit, S. 138.

chen Sichtweise her verbietet es sich schon einmal grundsätzlich, Altern generell als einen Krankheitsprozess zu verstehen.

Gesundheit als Funktionsfähigkeit

Zweitens wurde erkannt, dass ein menschen- und schon gar ein altersangemessenes Verständnis von Gesundheit diese nicht mit der Abwesenheit von physischen oder psychischen Funktionsstörungen gleichsetzen kann, sondern dass Gesundheit vielmehr in einem umfassenderen Sinn als Fähigkeit verstanden werden muss, Krankheit und Behinderung anzunehmen, in den eigenen Lebensvollzug zu integrieren und lebensdienlich mit ihnen umzugehen.[200] Wichtig werden dabei Bewältigungs- oder Copingmodelle, die darauf abzielen, dass Menschen Kompetenzen erwerben, die es ihnen ermöglichen, mit ihren Krankheiten so umzugehen, dass trotzdem von gelingendem Leben gesprochen werden kann.[201] Das kann sowohl Befähigung bedeuten, mithilfe der Medizin und mit anderen Angeboten eines modernen Gesundheitswesens therapeutisch gegen eine Krankheit anzukämpfen, als auch Bereitschaft, gerade bei unheilbaren, chronischen Leiden, wie sie im höheren Alter häufig vorkommen, so mit den gegebenen Belastungen umzugehen, dass sie als Teil des eigenen Lebens akzeptiert und Wege gefunden werden, *mit* ihnen ein erfülltes, gelingendes Leben zu führen.[202]

---

200 Schon Karl Barth hat im Sinne eines solchermassen erweiterten Gesundheitsverständnisses Gesundheit ganz elementar als «Kraft zum Menschsein» verstanden (Die Kirchliche Dogmatik Bd. III/4, S. 405f.).

201 Rieger, Gesundheit, S. 21.

202 Die letztere Option entspricht in etwa dem, was Friedrich Nietzsche, der selbst ein Leben lang unter zahlreichen Krankheiten zu leiden hatte, als «grosse Gesundheit» bezeichnete (Die fröhliche Wissenschaft, Nr. 382, S. 635–637; vgl. auch Nr. 120, S. 477). Nietzsche wird auch der Satz zugeschrieben, Gesundheit sei dasjenige Mass an Krankheit, das es ihm noch erlaube, seinen wesentlichen Beschäftigungen nachzugehen.

Dies entspricht dem Gesundheitsverständnis, das die Weltgesundheitsorganisation WHO in ihrem *World Report on Ageing and Health* (2015) entwickelt hat und das der von der UNO 2020 ausgerufenen Dekade des gesunden Alterns (*Decade of Healthy Ageing*) zugrunde liegt. Darin distanziert sich die WHO von einem engen Verständnis, das Gesundheit einfach mit der Abwesenheit von Krankheit identifiziert, und vertritt ein umfassenderes Konzept, das Gesundheit als Funktionsfähigkeit versteht, also als Fähigkeit, unter Zuhilfenahme innerer und äusserer Ressourcen das zu tun, was einem wichtig ist und was einem Wohlbefinden ermöglicht.[203] Von einem solchen Verständnis geht heute auch etwa das schweizerische Bundesamt für Gesundheit BAG aus, wenn es festhält: «Gesundheit im Alter wird wesentlich bestimmt durch individuelle Merkmale wie subjektives Wohlbefinden, Lebensqualität oder den Grad an Autonomie. Gesund altern ist deshalb nicht gleichzusetzen mit ‹Abwesenheit von Krankheit›. Ein altersgerechter Gesundheitsbegriff legt den Fokus auf Ressourcen älterer Menschen und auf den gelingenden Umgang mit Krankheit und Beschwerden.»[204]

---

203 Der World Report wendet sich gegen «a narrow conceptualization of health in older age as a state defined by the absence of disease. Instead, this report considers health as a fundamental and holistic attribute that enables older people to achieve the things that are important to them.» So definiert der Bericht «Healthy Ageing as the process of developing and maintaining the functional ability that enables well-being in older age». Diese Funktionsfähigkeit gründet sowohl in inneren Fähigkeiten einer Person (*intrinsic capacity*) als auch in Ressourcen, die das Umfeld (*environment*) zur Verfügung stellt, sowie im Zusammenspiel zwischen beidem (WHO, World report on ageing and health, S. 27f.).

204 BAG, Gesund altern, S. 42. Diese Sicht teilen auch Hans-Werner Wahl und Vera Heyl: «Eine alternde Gesellschaft kann mit einem an Krankheiten bzw. die Abwesenheit von Krankheiten gebundenen Gesundheitsbegriff nicht allzu viel anfangen. Wollen wir wirklich die gesamte ältere Bevölkerung als ‹krank› deklarieren, denn Ältere, vor allem Hochaltrige, haben nun einmal 2–3 Diagnosen gleichzeitig. Hier brauchen wir einen neuen,

Krankheit als Normalität

Drittens ist damit die Vorstellung überholt, ein gesundes Leben sei ein störungsfreies Leben. Vielmehr gilt mit dem Philosophen Gernot Böhme gesprochen: «Krankheit und Behinderung sind nicht Zwischenfälle oder Ausnahmesituationen, sie sind die Regel und sie gehören zum normalen Leben […]. Leben ist Auseinandersetzung mit Störungen, Leben ist Wachsen gegen Widerstände, Leben ist Kampf gegen Beeinträchtigungen.»[205] Das bedeutet, dass Therapie eine mögliche und häufig vernünftige, aber nicht die einzige sinnvolle Art ist, mit Krankheit umzugehen; es gilt in vielen Fällen, Krankheit erst einmal zu akzeptieren, mit ihr leben zu lernen. Akzeptanz als Bewältigungsstrategie im Blick auf Krankheit ist besonders in palliativen Situationen ein zentraler Faktor für Lebensqualität. Kurative Behandlung ist demgegenüber, gerade bei chronischen Erkrankungen im Alter, oft keine sinnvolle Art, mit Krankheit umzugehen. Ein lebensfreundlicher Umgang mit Krankheit wird wesentlich erleichtert, wenn man die Auseinandersetzung mit Krankheiten als zu einem normalen menschlichen Leben dazugehörig versteht. Also keine Ausnahme, die gutes Leben verunmöglicht, keine Panne, die unbedingt zu beheben ist – sondern normaler, wenn auch herausfordernder Ausdruck von Lebendigkeit, den man kurativ-therapeutisch angehen, den man aber auch zulassen und in den eigenen Lebensvollzug integrieren kann.[206]

---

offenen Gesundheits- und Pflegebegriff, der an den verbliebenen Ressourcen und Potenzialen selbst nach eingetretener Pflegebedürftigkeit ansetzt» (Gerontologie, S. 149).

205 Böhme, Ich-Selbst, S. 232.

206 In diesem Sinne kann, wie Hans-Werner Wahl und Clemens Tesch-Römer vorschlagen, auch ein Leben unter Bedingungen von Multimorbidität und Pflegebedürftigkeit im Alter durchaus eine Form erfolgreichen Alterns (*successful aging*) darstellen (Erfolgreiches Altern).

Umgangsfähigkeit

Viertens muss, wie besonders Hans-Martin Rieger herausgearbeitet hat,[207] ein heute angemessenes Verständnis von Gesundheit eine doppelte Sichtweise zur Anwendung bringen. Gesundheit kann gemessen werden unter dem rein medizinischen Gesichtspunkt der *Funktionsfähigkeit* des menschlichen Körpers.[208] Gefragt wird dann, ob der Körper oder einzelne Organe normal funktionieren und keine Beschwerden verursachen. Im Falle von krankheitsbedingten Funktionsproblemen wird man dann versuchen, durch therapeutische Eingriffe wieder ein normales, ‹gesundes› Funktionieren herbeizuführen. Im Sinne des oben beschriebenen erweiterten Gesundheitsverständnisses kann Gesundheit aber auch gemessen werden unter dem Gesichtspunkt der Fähigkeit einer Person, mit körperlichen oder psychischen Belastungen und Einschränkungen, z. B. mit chronischen Krankheiten im Alter, lebensdienlich umzugehen (*Umgangsfähigkeit*), d. h. sie so zu akzeptieren und in den eigenen Lebensvollzug zu integrieren, dass trotz gestörter Funktionsfähigkeit ein erfülltes, gelingendes Leben möglich ist. Zum Gesundsein in diesem Sinne gehört die Umgangsfähigkeit mit menschlicher Vulnerabilität, mit Krankheit und Beeinträchtigungen. Insofern kann jemand im Alter an Bluthochdruck, an Diabetes, an einer Polyneuropathie und Sehschwäche leiden (und so unter dem Gesichtspunkt der Funktionsfähigkeit durchaus ‹krank› und in ärztlicher Behandlung sein), mit diesen medizinischen Problemen aber so gut leben, dass er oder sie unter dem Gesichtspunkt der Umgangsfähigkeit durchaus

---

207 Rieger, Gesundheit, S. 147–160.189–196; ders., Leiblichkeit in theologischer Perspektive, S. 207–209.

208 Dieser Begriff der rein körperlich-medizinischen Funktionsfähigkeit ist nicht zu verwechseln mit dem oben erwähnten, von der WHO benützten Begriff einer lebenspraktischen Funktionsfähigkeit, die nicht von medizinischen Faktoren abhängt.

als ‹gesund› gelten kann. Nur beide Gesichtspunkte zusammen ergeben ein angemessenes Bild davon, wie ‹gesund› jemand ist.

Im Blick auf den Umgang mit Krankheiten ist weiter zwischen assimilativen und akkomodativen Umgangsweisen zu unterscheiden:[209] *Assimilative* Strategien richten sich – soweit das geht – auf die therapeutische Veränderung eines Problems durch äussere Eingriffe; *akkomodative* Umgangsweisen setzen auf Problemlösung durch Veränderung der inneren Einstellung zu einem Problem, die auch dann möglich ist, wenn jemand z. B. an einer Krankheit leidet, die chronisch ist und keine Aussichten auf Heilung beinhaltet. Eine Lebenskunst des Alterns wird sich insbesondere darum bemühen, durch Stärkung und Aktivierung der eigenen pathischen Fähigkeiten das Potenzial akkomodativer Umgangsweisen mit Krankheit auszuschöpfen.

Theologisches Leibverständnis

In theologischer Perspektive ist bei Formen des Umgangs mit Krankheit an das paulinische Leibverständnis zu erinnern, demzufolge der menschliche Leib mit der Metapher eines Tempels Gottes im heiligen Geist verstanden wird (1. Korinther 6,19–20). Entsprechend soll Gott geehrt und verherrlicht werden durch die Art und Weise, wie Menschen mit der Gabe ihres Leibes umgehen. Mit der *Gabe* des Leibes ergibt sich demnach zugleich die *Aufgabe*, dankbar und sorgfältig mit ihm umzugehen und ihn soweit möglich gesund zu erhalten. Dies umfasst ein vierstufiges Schema: 1. Ein gesunder Lebensvollzug (was in der Tradition als Diätetik bezeichnet wurde), der der Prävention von Krankheit dient; 2. eine rechtzeitige Diagnostik, um gesundheitliche Probleme frühzeitig zu erkennen und bereits in

209 Brandstädter, Hartnäckige Zielverfolgung und flexible Zielanpassung als Entwicklungsressourcen.

einem Frühstadium angehen zu können;[210] 3. wo sinnvoll und erwünscht die Veranlassung therapeutischer Massnahmen zur Wiederherstellung der körperlichen oder seelischen Funktionsfähigkeit und 4. die Akzeptanz der Krankheit – zumal bei chronischen, unheilbaren Erkrankungen – und das Entwickeln einer Fähigkeit zum Umgang mit ihnen, die einem erfüllten Leben trotz eingeschränkter Funktionsfähigkeit nicht im Wege steht.

Es gehört besonders im fortschreitenden Alter zu einer auch spirituellen Lebenskunst, unterscheiden zu können, wann es zur Leibsorge gehört, gegen eine Krankheit anzukämpfen, und wann es sinnvoller ist, sie anzunehmen, ins eigene Leben zu integrieren und *mit* ihr ein gelingendes Leben zu führen. Theologisch macht dies der einzige neutestamentliche Bericht eines Menschen, wie er spirituell mit Krankheit umging, deutlich. In 2. Korinther 12,7–10 berichtet Paulus von einer nicht näher identifizierbaren hartnäckigen Krankheit, die ihn stark belastete. Eine erste Form des Umgangs damit war für ihn die wiederholte Bitte an Gott um Heilung, also um Wiedererlangung der physischen Funktionsfähigkeit. Als dieses Vorgehen keinen Erfolg zeitigte, wechselte Paulus zu einer akkomodativen Strategie und veränderte seine innere Einstellung zu dieser Krankheit. Unter spirituellen Gesichtspunkten lernte er sie zu akzeptieren als hilfreicher Impuls, sich nicht zu überheben, Schwäche in seinem Leben zuzulassen und gerade darin eine Stärke zu entdecken, die auch seiner apostolischen Berufung zugutekam. Seine Erkenntnis fasst er in ein Wort, das er als Wort des auferstandenen Christus deutet: «Du hast genug an meiner Gnade, denn die Kraft findet ihre Vollendung am Ort der Schwachheit.» (V. 9) Schliesslich unterstreicht Paulus seine durch die Krankheit gewonnene Einsicht: «Denn wenn ich

---

210 Hier liegt besonders für Männer eine Herausforderung, weil sie in der Regel einen undifferenzierteren Bezug zu ihrem Körper haben als Frauen und seltener und in der Regel später ärztlichen Rat aufsuchen als Frauen (Akashe-Böhme/Böhme, Mit Krankheit leben, S. 102f.).

schwach bin, dann bin ich stark.» (V. 10) Wenn Paulus diesen Satz auch explizit christologisch-religiös versteht, dürfte er seine Gültigkeit doch auch für einen nicht-religiösen Umgang mit Krankheit und Leiden haben, deckt er sich doch weitgehend mit der Aussage des Soziologen Peter Gross: «Ein starkes, selbstgewisses und volles Leben führen heisst, Schwächen zulassen und mit ihnen umgehen können.»[211]

Persönliche Reflexion

– *Inwiefern finden Sie ein Gesundheitsverständnis hilfreich, das Gesundheit nicht als Abwesenheit von Krankheit versteht, sondern als Kraft und Fähigkeit, das Leben auch mit Einschränkungen und Krankheit zu meistern?*

– *Wenn man davon ausgeht, dass man immer nur mehr oder weniger gesund oder krank ist: Wo erleben Sie an sich Anteile von Krankheit, wo Anteile von Gesundheit?*

– *Haben Sie schon einmal die Erfahrung gemacht, dass eine akkomodative Strategie, also die Änderung der inneren Einstellung, eine Hilfe sein kann im Umgang mit Krankheit?*

211 Gross, Wir werden älter, S. 149 (ebenso S. 137).

Sinnfindung

Leben als Werden und Fragment

Christliche Theologie versteht menschliches Leben als ein Werden und Unterwegssein in der Zeit. Prototyp solcher menschlichen Existenz ist die Figur des Patriarchen Abraham, der aus seiner Heimat gerufen wird und sich auf eine Wanderschaft in fremdes Land begibt, die bis zu seinem Tod nicht endet (Genesis 12,1–4; Hebräer 11,8–10). So schreibt Udo Kern in seinen Ausführungen zu anthropologischen Grundlagen des alten Menschen: «Ein *homo viatoris*, ein Wanderer, ist der Mensch als Mensch. Er ist, so lange er ist, stets unterwegs.»[212] Die biografische Identität eines Menschen ist darum nach der Altersdenkschrift der EKD stets als eine zu begreifen, die im Werden ist.[213] Altern heisst so gesehen: werden, sich verändern, sich weiterentwickeln. In diesem Prozess vollzieht sich die Entfaltung dessen, was Gott uns mit der Gabe des Lebens an Möglichkeiten mitgegeben hat. Aus dieser göttlichen Gabe ergibt sich theologisch die biografische Aufgabe, aus dem vorhandenen Potenzial etwas zu machen, in eigenverantwortlicher Freiheit zu der Person zu werden, zu der man unter gegebenen Umständen werden kann und werden möchte. Dabei ist dieses Werden ein Entwicklungsprozess, der nicht einfach in einem steten Wachsen besteht, sondern spätestens ab der Phase des mittleren Erwachsenenalters auch von Phänomenen der Minderung und von Verlusten bestimmt ist. Beides, Wachstum und Minderung durchdringen sich und machen die ganze Entwicklung zu einem bis zum Tode unabschliessbaren «Werden zu sich selbst im Vergehen».[214] Dabei sind eine Reihe von Aspekten besonders hervorzuheben.

---

212 Kern, Der Mensch bleibt Mensch, S. 62.

213 Kirchenamt der EKD, Im Alter neu werden können, S. 36.

214 Rentsch, Fürsorge am Lebensende, S. 31.

Unabschliessbarer Entwicklungsprozess

Zum einen: Alter ist kein abgeschlossener Zustand. Alter heisst fortschreitende Veränderung und Weiterentwicklung in eine zwar kürzer werdende, aber immer noch offene Zukunft hinein. Thomas Rentsch hält fest: «Es gilt, auch die späte Lebenszeit als genuin menschliche Entwicklung zu verstehen und dies nicht nur der Jugend und der Reife zuzuschreiben.»[215] Darin liegt nicht nur eine Herausforderung an alte Menschen selbst, ihr Leben im höheren Alter als noch entwicklungsoffen wahrzunehmen, sondern auch an die Gesellschaft, alten Menschen entsprechende Entwicklungsmöglichkeiten zu eröffnen.

Dabei gilt es, den Entwicklungsprozess, vor allem denjenigen des hohen Alters, nicht zu idealisieren, sondern als das wahrzunehmen, was er ist: eine anspruchsvolle Herausforderung, die den Betroffenen einiges abverlangt und zumutet. «Das Werden zu sich selbst im Alter ist sicherlich kein harmonisch verlaufender, zielgerichteter Prozess, sondern eine mühselige, von Belastungen und Entfremdungstendenzen erschwerte Aufgabe der authentischen Lebensführung und der Ausbildung eines vernünftigen Selbst- und Weltverhältnisses» – so die nüchterne Einschätzung von Thomas Rentsch.[216] Aber gerade in der mutigen Auseinandersetzung mit diesen möglichen Belastungen besteht die besondere Chance einer Reifung[217] und Sinnfindung, die so wohl nur im Alter gegeben ist. Sich bewusst diesem Entwicklungsprozess zu stellen und sich nicht bereits als fertig zu verstehen, nicht in dem zu verharren, was man geworden ist, gehört zu den zentralen Herausforderungen einer Lebenskunst des Alters.

---

215 Rentsch, Kultur humanen Alterns, S. 265.

216 Rentsch, Ethik des Alterns, S. 64.

217 Auch für die Reifung im Alter gilt der Aspekt der Unabschliessbarkeit: «Reife heisst Reifung […]. Niemals ist Reife, immer ist nur Reifung erreichbar» (Rosenmayr, Zur Philosophie des Alterns, S. 23).

Loslassen – sich auf Neues einlassen

Zum andern: Zu einem solchen Werden und Sich-Entwickeln gehört, was im Leben generell gilt, nun im Alter aber noch zusätzliche existenzielle Dringlichkeit gewinnt: die Bereitschaft, Bisheriges loszulassen, um sich auf Neues einzulassen. Das geht nicht einfach von selbst, will vielmehr bewusst vollzogen werden. Denn es gibt auch die gegenteilige Entwicklung: Menschen, die sich in der sprichwörtlichen Altersstarrheit festkrallen und unbeweglich werden. Für ein lebendiges und fruchtbares Altern als kontinuierlicher Prozess des Werdens gilt demgegenüber die Maxime der Psychologin Verena Kast: «Loslassen und immer wieder sich einlassen; enden lassen und wieder neu beginnen».[218] Solches Loslassen ist immer ein Stück Machtverlust, Verlust von Verfügungsgewalt und eine Zumutung, sich willentlich auf das Unverfügbare einzulassen, das sich einem als Möglichkeit eröffnet. Das kann verunsichern; sich darauf einzulassen braucht deshalb Mut. In dieser Herausforderung, immer wieder neu anzufangen, ein Stück neu zu werden, liegt aber die Verheissung lebendigen Werdens zu sich selbst im Alter, bis zuletzt.[219] Ganz im Sinne des Satzes von Martin Buber: «Altsein ist ja ein herrliches Ding, wenn man nicht verlernt hat, was *anfangen* heisst.»[220]

---

218 Kast, Altern, S. 9. Anselm Grün schreibt: «Unser ganzes Leben ist ein ständiges Loslassen. […] Um zu wachsen und neu zu werden, müssen wir beständig Altes loslassen» (Die hohe Kunst des Älterwerdens, S. 43) und verweist aus spiritueller Perspektive auf die christliche Mystik, die diesen Prozess als ein ‹Entwerden› bezeichnete (ebd., S. 48f.), ein Sich-Loslassen in dem, was man geworden ist, um sich zu finden in einem neuen, tieferen, umfassenderen Sinn jenseits der Fixierung auf das eigene Selbst.

219 In dieser Möglichkeit des immer wieder neuen Anfangen-Könnens sieht die Altersdenkschrift der EKD spirituell eine der zentralen biblischen (v. a. neutestamentlichen) Perspektiven erfüllten Alterns (Kirchenamt der EKD, Im Alter neu werden können, S. 38–40).

220 Buber, Begegnung, S. 67.

Dass sich im Alter Entwicklungsmöglichkeiten der Reifung und Wandlung eröffnen, die andere Prioritäten in Sachen Werte, Lebensperspektiven und Haltungen nach sich ziehen als die, die in der mittleren Erwachsenenphase prägend waren, hat besonders der schwedische Gerontologe Lars Tornstam mit seinem Konzept der *Gerotranszendenz* entfaltet. Ihm zufolge vollziehen manche Menschen in fortschreitendem Alter einen Perspektivenwechsel, der sich in einer kosmischen Dimension (verstärkter Bezug zu früheren Generationen, Verlust der Angst vor dem Tod, Anerkennung des Geheimnisvollen im Leben, Freude an kleinen alltäglichen Dingen), in einer Dimension des eigenen Selbstverständnisses (geringere Zentrierung auf das eigene Selbst, Selbsttranszendierung von Egoismus zu stärkerem Altruismus, Annahme der eigenen Biografie) und in einer Beziehungsdimension (Reduktion oberflächlicher Beziehungen, Bedürfnis nach Alleinsein, grössere Unabhängigkeit von sozialen Konventionen, grössere Toleranz gegenüber anderen Personen) äussert.[221] Wichtig an diesem Ansatz ist das Insistieren darauf, dass es sich lohnt, sein Leben im Alter nicht einfach ungebrochen an den Massstäben des mittleren Erwachsenenalters (Aktivität, Produktivität, Effektivität, Unabhängigkeit) auszurichten, sondern sich für die Entwicklung anderer, neuer, altersspezifischer Einstellungen zu öffnen im Sinne des Werdens zu einer reiferen Persönlichkeit im Alter.

Die Dynamik des Loslassens und Sich-Einlassens auf Neues kann auch die Entwicklung der spirituellen Biografie eines alten Menschen bestimmen.[222] Anselm Grün weist darauf hin, dass manche Menschen sich im Alter herausgefordert sehen, ihre bisherigen Bilder von Gott loszulassen und sich verstärkt einem unbegreiflichen Gott zu überlassen, den sie immer weniger verstehen, dem sie sich nur noch in einem letzten Vertrauen

221 Tornstam, Gerotranscendence, S. 73f.188f.

222 Lintner, Im Endlichen nicht begrenzt, S. 409f.

überlassen können.[223] Es kann dann sein, dass die Spiritualität immer einfacher wird und sich viele religiöse Formen und Formeln relativieren, mit denen jemand ein Leben lang treu gelebt hat.[224] Solche spirituelle Entwicklungen im Alter dürfen durchaus zugelassen werden, können sie doch Ausdruck dessen sein, was die Mystik als ‹Loslassen Gottes› bezeichnet hat. Mit den Worten von Anselm Grün: «Unsere Bilder von Gott entschwinden uns. Und irgendwann tauchen dann die Weite und Unbegrenztheit und Unbeschreiblichkeit Gottes auf, in die hinein wir uns ergeben.»[225]

Leben bleibt fragmentarisch

Schliesslich: Unter dem Einfluss des modernen psychologischen Ideals der Ganzheit hat sich die Vorstellung entwickelt, das individuelle Leben müsse idealerweise vor seinem Abschluss ‹ganz› werden, müsse sich wie ein Kreis abrunden und schliessen. Dieses Ideal kann leicht einen überfordernden Druck erzeugen und übersieht einen wesentlichen anthropologischen Sachverhalt: dass Menschsein immer unvollendet, unabgeschlossen, fragmentarisch bleibt. Der evangelische Theologe Ulrich H. J. Körtner hält fest: «Die Ganzheit unseres Lebens ist weder in jungen Jahren noch im Alter ein biblisch begründetes Ziel.»[226] Und weiter: «Zur Lebensführung im christlichen Sinne gehört das Wissen darum, dass die Vollendung des Lebens, sein ‹Gelingen›, wie man heute gern sagt, die unser Handeln motivierende Hoffnung ist, ohne doch von uns selbst geleistet werden zu können»[227] oder zu müssen.

223 Grün, Die hohe Kunst des Älterwerdens, S. 33.
224 Ebd., S. 120.
225 Ebd., S. 121f.
226 Körtner, Leib und Leben, S. 178.
227 Ebd., S. 169.

Christlicher Glaube ist gerade darin befreiend und entlastend, dass er erlaubt, zu den eigenen Unzulänglichkeiten, Brüchen und Defiziten zu stehen im Wissen darum, dass Gott alleine es ist, der unser Leben ganz und vollkommen machen wird, ohne von uns zu verlangen, dies aus eigenen Kräften und Qualitäten zu tun.[228] Das erleichtert die Entwicklung im Alter und setzt sie nicht unter den Druck des Erreichens irgendwelcher hochgesteckter Ziele, die dem konkreten Lebensverlauf einer Person nicht gemäss sind. Umgekehrt befreit es davon, sich unnütze Vorwürfe zu machen im Blick auf vergangene Unzulänglichkeiten, Fehler oder Misserfolge. In seelsorglich-spiritueller Perspektive hebt Anselm Grün hervor: «Wenn Gott uns vergeben hat – und darauf dürfen wir vertrauen –, dann sollen und dürfen auch wir uns selbst vergeben. Wir sollen aufhören, um unser Versagen zu kreisen»[229] und dafür im Alter in aller Unvollkommenheit und Fragmentarität zu der Person werden, die wir geworden sind und noch werden können.

---

228 Henning LUTHER schreibt: «Das eigentümlich Christliche scheint mir nun darin zu liegen, davor zu bewahren, die prinzipielle Fragmentarität von Ich-Identität zu leugnen oder zu verdrängen. Glauben hiesse dann, als Fragment zu leben und leben zu können» (Identität und Fragment, S. 172). Dem stimmt Gunda SCHNEIDER-FLUME zu: «Ganzheit ist ein Prädikat, das dem lebendigen Menschen gerade nicht zukommt» (Alter – Schicksal oder Gnade?, S. 36).

229 GRÜN, Die hohe Kunst des Älterwerdens, S. 34.

Persönliche Reflexion

- *Können Sie mit dem Gedanken etwas anfangen, Altern sei ein «Werden zu sich selbst im Vergehen» (Thomas Rentsch)? Welche eigenen Erfahrungen können Sie damit verbinden?*
- *Wie haben Sie sich mit Belastungen in Ihrem Leben auseinandergesetzt? Haben Sie diesen Prozess letztlich als Reifung erlebt?*
- *Was für Erfahrungen machen Sie mit Prozessen des Loslassens und neuen Anfangens?*
- *Hat sich Ihr Glaube, Ihre Spiritualität im Verlauf des Älterwerdens verändert? Wenn ja, wie?*

Sinnfindung im Alter

Das Werden des Menschen zu sich selbst ist – in unterschiedlichen Phasen mehr oder weniger ausgeprägt – begleitet von der Frage nach der Sinnhaftigkeit des Lebens.[230] Denn Menschen sind nach Sinn fragende Wesen. Nach Viktor E. Frankl ist der «Wille zum Sinn» sogar das tiefste menschliche Bedürfnis überhaupt.[231] Das heisst nicht, dass Menschen ständig bewusst nach Sinn fragen. Die Frage nach Sinn und konkrete Sinnerfahrungen bewegen sich meist auf einer Ebene unterhalb der Wahr-

230 Zum Folgenden s. Rüegger, Vom Sinn im hohen Alter; ders., Sinnfindung im hohen Alter.

231 Frankl, Der Mensch auf der Suche nach einem letzten Sinn, S. 267f.

nehmungsschwelle.[232] Ins Bewusstsein tritt die Sinnperspektive oft erst dann, wenn sie fehlt, wenn ihr selbstverständliches, unbewusstes Vorhandensein zum Beispiel durch eine Lebenskrise oder existenzielle Erschütterung infrage gestellt wird. Die Sinnfrage drängt sich meist dann auf, wenn wir «aus der bisherigen Geborgenheit selbstverständlicher Sinngewährung herausgefallen sind».[233] Dann stellt sich heraus, dass «Menschen Sinn brauchen, (denn) er setzt die Kraft für die Bewältigung schwieriger Lebenssituationen und des Lebens im Ganzen frei. Wenn diese Kraft versiegt, ist sie durch nichts zu ersetzen.»[234] Denn nur wo Sinn ist, können Lebensenergien ungehindert fliessen.

Sinn als Stimmigkeit

Worin Sinn besteht, ist zuweilen eher diffus.[235] Ganz grundsätzlich lässt sich sagen: Sinn ist das, was das Leben in irgendeinem Sinn bedeutsam und bejahenswert erscheinen lässt und das Gefühl einer gewissen Stimmigkeit vermittelt.[236] Oder mit den Worten der Sinnforscherin Tatjana Schnell: «Sinnerfüllung … basiert auf einer (meist unbewussten) Bewertung des eigenen Lebens als kohärent, bedeutsam, orientiert und zugehörig», wobei «Kohärenz für die Wahrnehmung von Stimmig-

232 Schnell, Psychologie des Lebenssinns, S. 32.

233 Gollwitzer, Krummes Holz – aufrechter Gang, S. 71.

234 Schmid, Das Leben verstehen, S. 64.

235 Nach Giovanni Maio «kann und darf (Sinn) durchaus unbestimmt, ja diffus bleiben. Er lässt Raum für das Ungreifbare, für das Unbestimmbare, für das Geheimnis» des Lebens (Wenn das Annehmen wichtiger wird als das Machen, S. 58).

236 Frits de Lange drückt es so aus: «‹Meaning› signifies that the world and I somehow fit together: there is an ontological congruity between us. It invites me to say ‹yes› to life, to trust it, and to surrender myself day by day to its flow» (Loving Later Life, S. 13).

keit, Schlüssigkeit und Passung in verschiedensten Lebensbereichen» steht.[237]

Zeitlich gesehen kann sich Sinnerfahrung verschieden einstellen: *retrospektiv*, im deutenden Rückblick auf das bisher gelebte Leben, wenn sich so etwas wie ein roter Faden der Sinnhaftigkeit abzeichnet; *aktuell-situativ*, wenn in der Gegenwart alltägliche Glückserfahrungen möglich sind, die das Leben als bejahenswert erscheinen lassen, und *prospektiv*, wenn Hoffnungen und Erwartungen im Blick auf die Zukunft das Weiterleben wünschenswert machen.

Sinnfindung im Alter zwischen Lebenszufriedenheit und Krise

Nun ist allerdings festzustellen, dass das Erleben von Sinnhaftigkeit im Alter, zumal im hohen Alter, krisenanfällig wird. Auf der einen Seite nimmt nach Peter Gross der Sinnbedarf mit fortschreitendem Alter zu;[238] auf der anderen Seite brechen bisherige Sinnquellen aus beruflichen und familiären Engagements weg, und es stellen sich im hohen Alter Erfahrungen von Grenzen und Defiziten ein, die das Sinnerleben erschweren, ja infrage stellen können. Gross sieht darum die spezifische Herausforderung des Alters, insbesondere der Hochaltrigkeit, in der Frage nach einer «Sinngebung der Schwäche».[239] Es ist jedenfalls kaum zu bestreiten, dass Sinnfindung unter den spezifischen Bedingungen von Hochaltrigkeit anspruchsvoller ist als in früheren Lebensphasen. Nicht umsonst spricht der katholische Ethiker Alfons Auer, selbst schon 80-jährig, davon, dass

---

237 Schnell, Psychologie des Lebenssinns, S. 7. In ähnlichem Sinn formuliert Odo Marquard: «Sinn hat, was sich … lohnt, was wichtig ist, erfüllt, zufrieden, glücklich macht und nicht verzweifeln lässt» (Zur Diätetik der Sinnerwartung, S. 36).

238 Gross, Wir werden älter, S. 76.

239 Ebd., S. 10.12.

Sinn im Alter oft verhüllt ist und dem Dasein «nur in kargen Portionen abzuringen» ist.[240]

Andererseits hat gerontologische Forschung vielfach ein Phänomen belegt, das als Wohlbefindensparadox des Alters bezeichnet wird. Bei Befragungen verschiedener Altersgruppen nach ihrer subjektiven Lebenszufriedenheit hat sich immer wieder gezeigt, dass Menschen im Alter angeben, trotz zum Teil schwierigeren Lebensumständen ein höheres Mass an Zufriedenheit mit ihrer Lebenssituation zu empfinden als jüngere Altersgruppen dies von sich sagen.[241] Dies bedeutet, dass es Menschen im Alter durchaus gelingt, die Sinnfrage positiv zu beantworten. Und es kann davon ausgegangen werden, dass das Alter mit seinen spezifischen Erfahrungen und Herausforderungen als Chance zur Erschliessung spezifischer Sinndimensionen begriffen werden kann, die jüngeren Personen nicht in gleicher Weise zugänglich sind.[242]

Einer, der das schon vor dem Aufkommen gerontologischer Forschung klar erkannt hat, ist Hermann Hesse. Er schreibt: «Das Greisenalter ist eine Stufe unseres Lebens und hat wie alle andern Lebensstufen ein eigenes Gesicht, eine eigene Atmosphäre und Temperatur, eigene Freuden und Nöte. […] Altsein ist eine ebenso schöne und heilige Aufgabe wie Jungsein […] – vorausgesetzt, dass sie mit Ehrfurcht vor dem Sinn und der Heiligkeit alles Lebens vollzogen wird.» Dabei ist für Hesse klar: «Um als Alter seinen Sinn zu erfüllen und seiner Aufgabe gerecht zu werden, muss man mit dem Alter und allem, was es mit sich bringt, einverstanden sein. Man muss Ja dazu sagen. Ohne dieses Ja […] geht uns der Wert und Sinn unsrer Tage […] verloren.»[243]

---

240 Auer, Geglücktes Altern, S. 252.

241 Staudinger, Viele Gründe sprechen dagegen und trotzdem geht es vielen Menschen gut; Perrig-Chiello/Höpflinger, Die Babyboomer, S. 133–137.

242 Rentsch, Werden zu sich selbst, S. 264.

243 Hesse, Eigensinn, S. 203.

Bedeutung des ‹kleinen Sinns›

In diesem Zusammenhang empfiehlt es sich, zwischen Vorstellungen von einem Sinn des hohen Alters bzw. von Langlebigkeit generell und konkreten Erfahrungen von Sinn im Alter zu unterscheiden. Letztere sind durchaus unabhängig von Ersteren[244] und dürften aufs Ganze gesehen bestimmender sein für lebensrelevante Sinnperspektiven. Erfahrungen von Sinn im Alter, wie sie sich in ganz elementaren Lebensvollzügen, etwa beim Hören schöner Musik oder bei einem kulinarischen Genuss einstellen können, tragen auf der affektiven Ebene wesentlich zur Lebenszufriedenheit und zur Erfahrung von Glück bei. Sie geben eine (oft implizite) Antwort auf das Sinnbedürfnis. Konzepte eines Sinns des hohen Alters oder eines langen Lebens generell setzen demgegenüber ein relativ hohes Mass an Reflektiertheit voraus und dürften lebenspraktisch weit weniger relevant sein. Darauf hat schon vor langer Zeit Odo Marquard hingewiesen, indem er eine Haltung kritisierte, die die «‹kleinen› Sinnantworten» verachtet, die alltägliche Aufgaben, Verrichtungen oder Konventionen zu geben vermögen. Marquard ist überzeugt: «Dieser kleine Sinn reicht aus, um ein Leben zu führen, und die grossen Sonntagsgefühle […] sind allenfalls dona superaddita[245]: […] es geht auch ohne sie.» Denn «die Antwort auf die Lebenssinnfrage hängt mehr an den nächsten Dingen als an den letzten.»[246]

Diese Akzentuierung scheint mir auch theologisch sinnvoll. Denn aus christlich-theologischer Sicht kommt dem Alter per se, schon gar dem hohen Alter, keine besondere Bedeutung zu. So etwas wie einen theologischen Sinn *des* Alters gibt

---

244 Wilhelm Schmid hält fest: «Sogar dann, wenn das Leben *an sich* keinen Sinn haben sollte, ist es möglich, vielfachen Sinn *im Leben* zu finden» (Dem Leben Sinn geben, S. 388).

245 Auf Deutsch: Dreingaben über das normale Mass hinaus.

246 Marquard, Zur Diätetik der Sinnerwartung, S. 48f.

es nicht. Die Verheissungen des christlichen Glaubens und die Idealbilder eines fruchtbaren, sinnvollen Lebens vor Gott sind altersindifferent, also unabhängig von bestimmten Altersphasen.[247] Wohl aber bietet das heute üblich gewordene ausgedehnte Alter die Möglichkeit, im Sinne des alttestamentlichen Motivs des Lebenssatt-Werdens Sinnelemente *im* Alter wahrzunehmen, auszukosten und Reifungsprozesse zu vollziehen, die in jüngeren Jahren so nicht möglich gewesen wären.

Wir haben oben festgehalten, dass sich Sinn sowohl im Lebensrückblick als auch im Blick auf gegenwärtige Erfahrungen und im Vorausblick auf in der Zukunft Erwartetes erschliessen kann. Das gilt auch für Sinnerfahrungen im Alter, wobei nicht verwunderlich ist, dass mit fortschreitendem Alter die Bedeutung des Rückblicks auf ein immer längeres Leben zunimmt, während der Vorausblick auf eine immer kürzer werdende Restlebenszeit an Bedeutung verliert.

Sinnfindung im Lebensrückblick

Eine für die Phase des Alters, insbesondere des hohen Alters, besondere Quelle der Sinnfindung besteht im Rückblick auf das bisher gelebte Leben und im Bemühen, darin so etwas wie einen roten Sinnfaden zu entdecken, der das zurückliegende Leben insgesamt als bejahenswert, als wert, gelebt worden zu sein, erscheinen lässt. Solche Deutungsarbeit an der eigenen Biografie ist nicht bloss objektiv-neutrale Rekapitulation historischer Fakten. Es geht vielmehr um eine «Neuinterpretation» oder «Neugestaltung»[248] der eigenen Vergangenheit als schöpferische, Identität und Sinn stiftende Aktivität. Die Herausforderung liegt in einer Sinn generierenden Aneignung

---

247 Kirchenamt der EKD, Im Alter neu werden können, S. 39.

248 So die beiden Schlüsselbegriffe bei Karl Rahner, Zum theologischen und anthropologischen Grundverständnis des Alters, S. 319.

der eigenen Lebensgeschichte mit ihren Höhen und Tiefen, mit ihren hellen und dunklen Aspekten. Sinnfindung auf dem Weg der Lebensbilanzierung ist umso lebensdienlicher, je mehr sie in der Lage ist, die eigene Lebensgeschichte als insgesamt stimmig und bejahbar zu deuten, ohne ihre Ambivalenz und Brüchigkeit verdrängen zu müssen. Das im Glauben gegründete Wissen, dass menschliches Leben immer fragmentarisch und fehlerhaft bleiben darf und gerade als solches von Gott bejaht wird, macht solch ehrliches Bilanzieren leichter. Dabei kommt der Haltung der Dankbarkeit eine Schlüsselfunktion zu. Wer sein gelebtes Leben als sinnvoll wahrnehmen kann, hat Grund, dankbar zu sein und wird sich als vom Leben und von Gott als dem Geber dieses Lebens beschenkt erfahren.

Sinnfindung durch Verfolgung persönlicher Interessen

Alter als nachberufliche und nachfamiliäre Lebenszeit erweist sich für viele Menschen als Zeit der späten Freiheit.[249] Die zeitintensiven Verpflichtungen durch Beruf und Familienleben sind abgeschlossen; eine neue Freiheit im Umgang mit der Zeit hat sich eröffnet. Bei in der Regel zufriedenstellender materieller Absicherung und in guter gesundheitlicher Verfassung bietet besonders das junge Alter eine Vielzahl von Möglichkeiten, Sinn stiftenden persönlichen Interessen nachzugehen, vielleicht sogar die eine oder andere Tätigkeit aufzunehmen, die auszuüben die mittlere Erwachsenenphase aus zeitlichen Gründen nicht erlaubte: sich musischen Aktivitäten widmen, zum Beispiel durch das Spielen eines Instruments; einen Kochkurs besuchen, um kulinarische Kreativität entfalten zu können; sich ausgiebiger Lektüre widmen und an einem Lesezirkel teilnehmen. Solche Aktivitäten erlauben es, Fähigkeiten auszuleben, verschiedene Seiten der eigenen Persönlichkeit zu akti-

---

249 Rosenmayr, Die späte Freiheit.

vieren, persönlichen Neigungen nachzugehen und Interessen zu verfolgen. All diese Aktivitäten machen das junge Alter zu einer Lebensphase, die in besonderem Masse Erfahrungen von Sinn ermöglicht.

Sinnfindung durch alltägliches Glück

Für Menschen im Alter dürften sich Erfahrungen von Sinnhaftigkeit wie in anderen Lebensphasen auch primär durch alltägliche Erfahrungen von Glück ergeben. Insofern können auch Menschen, die von kognitiven Einschränkungen etwa demenzieller Art betroffen sind, durchaus so etwas wie Sinn erfahren.[250] Thomas Rentsch weist auf die sinnstiftende, Lebenserfüllung vermittelnde Bedeutung so banaler Lebensvollzüge wie essen, trinken, schlafen, hören und sehen hin: «Sie haben neben ihren tragenden Funktionen für weitere, komplexe Sinnentwürfe einen selbstzweckhaften, selbstgenügsamen Kern»,[251] der nicht erst dadurch bedeutsam wird, dass er explizit zu Bewusstsein gebracht wird. Alltägliches Handeln und Erleben tragen gerade in der Selbstverständlichkeit, in der sie geschehen, ihren Sinn auf vielfache Weise in sich selber[252] und prägen so auf der motivationalen wie auf der affektiven Ebene unseren Lebensvollzug. Rentsch plädiert darum für eine «Rehabilitierung alltäglich-lebensweltlicher Sinnentwürfe».[253] Sie sind im Alter entscheidend für die Frage, wie sinnvoll jemandem sein gegenwärtiges Leben (noch) erscheint und als wie erstrebenswert er oder sie dessen Fortsetzung in bereits fortgeschrittenem Alter empfindet.

---

250 Vgl. hierzu die grundlegende Arbeit von Marion Bär, Sinn erleben im Angesicht der Alzheimerdemenz.

251 Rentsch, Altern als Werden zu sich selbst, S. 191.

252 Sauter, Was heisst: nach Sinn fragen?, S. 41.

253 Rentsch/Vollmann, Der Sinn des Alterns, S. 162.

Achtsamkeit

Die Empfänglichkeit für solche sinnstiftenden Erfahrungen alltäglichen Glücks kann durch Einübung in eine Grundhaltung der Achtsamkeit gegenüber alltäglichen Erfahrungen vertieft werden. So gibt etwa die selbst schon 91-jährige Psychologin und Gerontologin Erika Horn zu bedenken: «Wir müssen uns bemühen um ein Offenbleiben auf Lebensfreuden hin, die sich leicht in dieser Lebensphase verdunkeln, verstellen, entziehen können. Und gerade in den sich verkleinernden Lebensräumen … werden die ganz einfachen Lebensfreuden noch intensiver, noch tröstlicher. Etwa das Stück Wiese vor dem Haus und ihr tiefes Grün, der Duft der Rosen, eine Grusskarte der jüngsten Enkelin, ein liebes Telefongespräch, ein unerwarteter Besuch. Wir müssen alles ganz bewusst wahrnehmen, mit allen Sinnen; soweit es uns Augen, Ohren und Nase noch möglich machen, es ‹auskosten›, die Eindrücke, die Freuden auch mitteilen.»[254] In solchen alltäglichen, einfachen Lebensfreuden erschliessen sich Sinnelemente, die dem entsprechen, was Odo Marquard den ‹kleinen Sinn› genannt hat, der genügt, um das Leben dankbar bejahen und als stimmig empfinden zu können.[255] In diese Richtung weist auch in der biblischen Tradition die Weisheit des Kohelet, die angesichts der Vergänglichkeit des Lebens und der Nichterkennbarkeit eines übergreifenden Lebenssinns zu konkreter Lebensfreude in alltäglichen Situationen aufruft: «Auf, iss dein Brot mit Freude, und trink deinen Wein mit frohem Herzen; denn längst schon hat Gott dieses Tun gebilligt. Jederzeit seien deine Kleider weiss, und an Öl auf deinem Haupt soll es nicht fehlen. Geniesse das Leben mit einer Frau, die du

254 Horn, Lebenskunst, S. 329.

255 Der schwedische Gerontologe Lars Tornstam ist der Auffassung, dass es im Alter eine spezifische Entwicklungsmöglichkeit der Reifung und Weisheit gibt (er nennt sie Gerotranszendenz), die sich etwa darin äussert, dass man sich zunehmend an ganz kleinen, alltäglichen Dingen freuen kann (Gerotranscendence, S. 73.160).

liebst, all die Tage deines flüchtigen Lebens […]. Was immer du zu tun vermagst, das tu.»[256]

Sinnfindung durch Generativität

Eine der zentralen Quellen von Lebenssinn sind zweifellos soziale Beziehungen. Die Erfahrung, für andere Menschen bedeutsam und ihnen nicht gleichgültig zu sein, ist zentral für das Selbstwertgefühl und Wohlbefinden einer Person. Nach Jürg Willi finden Menschen Lebenssinn primär dadurch, dass ihr Wirken für andere Menschen wertvoll ist und von diesen auch anerkannt wird.[257] Dies gilt auch für das Alter, etwa im Hinblick auf freiwillige oder ehrenamtliche Tätigkeiten im sozialen Bereich. Aber auch in Situationen zunehmender Gebrechlichkeit, wenn der Eindruck überhandnehmen kann, man sei für niemanden mehr etwas Wert und falle anderen nur noch zur Last, bleibt der Wunsch bestehen, für andere bedeutsam zu sein. Das Bedürfnis, auch jenseits der Berufs- und Familienphase irgendwie noch gebraucht zu werden und für andere nützlich zu sein, ist auch bei alten Menschen ein tiefsitzender Wunsch. Ursula M. Staudinger und Freya Dittmann-Kohli sehen darum in Situationen, in denen dieses Bedürfnis nicht mehr gestillt werden kann, eines der typischen Sinnprobleme älterer Menschen.[258]

Die Gerontologie spricht hier von Generativität. Damit ist eine Einstellung und ein Verhalten gemeint, durch die sich jemand materiell, sozial oder kulturell produktiv zugunsten nachfolgender Generationen engagiert. Erik H. Erikson sah die Herausforderung, Generativität zu entwickeln, als zentrale ent-

256 Koh 9,7–10.

257 Willi, Sich im Alter brauchen lassen, S. 94.

258 Staudinger/Dittmann-Kohli, Lebenserfahrung und Lebenssinn, S. 427.

wicklungspsychologische Aufgabe des mittleren Erwachsenenalters,[259] wobei allerdings seine Frau und Mitarbeiterin Joan M. Erikson anfügt, dass Generativität auch im hohen Alter, bis in die letzte Entwicklungsphase des Lebens, ihre Bedeutung für die Identität und Sinnfindung eines Menschen behält.[260] Die neuere Sinnforschung hat gezeigt, dass eine generative Einstellung in besonders hohem Masse Sinnerfahrungen ermöglicht.[261] Eine wesentliche, kulturell bedeutsame Form von Generativität alter Menschen dürfte nicht nur darin bestehen, innerfamiliär die jüngere Generation zu unterstützen – materiell oder durch Betreuung von Enkelkindern –, sondern in der Art, wie sie selber den Prozess des Alterns leben, wie sie Alter als eigenständige Lebensphase bejahen, seine spezifischen Chancen wahrnehmen und sich seinen Herausforderungen stellen. Dadurch ermutigen sie jüngere Generationen, erwartungsvoll und bejahend ihr eigenes Alter zu antizipieren. Zu generativem Verhalten, das auch noch im hohen Alter und bei ausgeprägter Gebrechlichkeit gelebt werden kann, gehört auch das wohlwollende Interesse, das man Jüngeren entgegenbringt, und die Anerkennung, die man ihnen zuteilwerden lässt.

Eine weitere, in jüngerer Zeit vom kanadischen Psychiater Harvey Max Chochinov und einem Team von Mitarbeitenden entwickelte Form von Altersgenerativität besteht in der sogenannt Würdezentrierten Therapie (*Dignity Therapy*).[262] Dabei geht es darum, Menschen mit einer lebensbedrohenden Krankheit durch ein strukturiertes Verfahren darin zu unterstützen, einen Rückblick auf ihr Leben vorzunehmen und festzuhalten, was ihnen in ihrem Leben wichtig war und was sie als eine Art Vermächtnis ihren Angehörigen hinterlassen möch-

---

259 Erikson, Identität und Lebenszyklus, S. 117f.

260 «Old people can and need to maintain a *grand*-generative function» (Erikson, The Life Cycle Completed, S. 63).

261 Schnell, Psychologie des Lebenssinns, S. 54.

262 Chochinov, Würdezentrierte Therapie.

ten. Dadurch kann nicht nur, wie bisherige Erfahrungen mit diesem Modell zeigen, das subjektive Empfinden von Würde und Lebenssinn der betroffenen alten und kranken Menschen gestärkt werden, sondern sie geben etwas von sich an die bei ihrem Tod Zurückbleibenden weiter, was für diese bedeutsam sein kann.

Sinnfindung durch Erwartungen an die Zukunft

Heutiges Alter im Zeichen der Langlebigkeit kann gut und gerne einen Drittel der ganzen Lebenszeit dauern. Es ist deshalb normal, dass Menschen im jungen Alter noch vielerlei Erwartungen an die Zukunft haben, die Lebenssinn vermitteln und das Gefühl geben, es lohne sich, weiterzuleben. Vielleicht hat man sich grössere Projekte vorgenommen, die man realisieren möchte: eine Weltreise unternehmen, den Garten umgestalten, eine grosse Wanderung machen oder einen Computerkurs besuchen. Für manche Alte ist die Erwartung, die Geburt und das Heranwachsen von Enkeln oder Urenkeln mitzuerleben, etwas, das ihrem Leben Sinn gibt. Je älter jemand allerdings wird und je kürzer die verbleibende Restlebenszeit sein dürfte, desto weniger werden sinnstiftende Erwartungen an die Zukunft eine Rolle spielen. Bezeichnend ist etwa die Aussage einer 90-jährigen Heimbewohnerin: «Die Zukunft ist voraussichtlich kurz, kann sich aber in die Länge ziehen. Und die Aussichten sind nicht rosig: Insgesamt kann es nur noch bergab gehen, der Auflösung entgegen. Diese Auflösung, das heisst der Tod, ist das einzig Sichere […]. Ich lebe jetzt, und es ist mir auch recht, wenn es nicht mehr lange dauert (wenn auch nicht gerade nur bis morgen!). Ich habe gelebt, und es war, im Rückblick gesehen, gut. Ich lebe ja jetzt auch vorwiegend im Rückblick, und ich bin mit dem meinigen sehr zufrieden. […] Alles in allem werde ich dem Leben gegenüber gleichgültiger, unbeteiligter. Ich habe gelebt, und es war gut. Etwas Besseres kommt nicht nach, auch nichts Neues. Ich bin nicht mehr neugierig.»[263] Umso wichtiger werden in einer solchen Situation Sinnerfahrungen aus dem Rückblick auf das gelebte Leben und kleine Sinnerfahrungen alltäglichen Lebensglücks.

Sinnfindung durch Bewältigung von Erfahrungen von Minderung und Verletzlichkeit

Lebenssinn, so haben wir zu Beginn dieses Kapitels festgehalten, stellt sich ein, wo Menschen ihr Leben als bedeutsam, bejahenswert und irgendwie stimmig erfahren. Das könnte zur Vorstellung verleiten, dass es nur Erfahrungen von Glück, von Gelingen, von gedeihlichem Wachstum sind, die Sinn generieren können. Das wäre allerdings ein Missverständnis. Sinnerfahrung ist auch jenseits von Glücksgefühlen möglich, sie ist unabhängig von Lust oder Unlust.[264] Einer, der das in der jüngeren Vergangenheit im Blick auf die Sinnfrage im Alter immer wieder thematisiert hat, ist der Philosoph Thomas Rentsch. Er macht deutlich: «Wirklich tragfähiger Lebenssinn besteht nicht allein in der positiven Befriedigung von Lust …, sondern weit mehr in der gemeinsamen wie individuellen Bewältigung der vielen negativen Aspekte, die unser Dasein prägen, ob wir wollen oder nicht. Vor diesem Hintergrund lassen sich Altwerden, Kranksein, Leiden und Sterben als Chance zur Eröffnung spezifischer Sinndimensionen begreifen, die oft übersehen werden: die Angewiesenheit jedes Menschen auf wirkliche Kommunikation, auf gegenseitige Hilfe und Mitleid, auf Solidarität und … auf das bewusste Begreifen der eigenen Begrenztheit. Diese Dimensionen gehören zu einem Stadium der Reife und der geklärten Selbsterkenntnis, und damit im Kern zu einem

---

263 Altwegg, Ich habe gelebt, S. 88.90.91.

264 Ebd., S. 109.

wirklich sinnvollen, über sich selbst aufgeklärten Leben.»[265] Damit stellt sich die Herausforderung, sensibel zu werden für Möglichkeiten dessen, was Peter Gross eine «Sinngebung der Schwäche» genannt hat.[266] Ein paar wenige Hinweise mögen andeuten, in welcher Hinsicht auch im Zeichen von Minderung und Schwäche Perspektiven von Lebenssinn gefunden werden können. Wir greifen dabei nochmals Impulse auf, die wir oben im Kapitel über «Herausforderungen des Alters: Leben im Horizont von Minderung und Verletzlichkeit» bereits besprochen haben.

- *Volles Menschsein gib es nur im Spannungsfeld von Polaritäten:* Menschsein in seiner Fülle gibt es nur in einem Miteinander von Glück und Unglück, Stärke und Schwäche, Gesundheit und Krankheit, Autonomie und Abhängigkeit, Wachstum und Minderung, Freude und Traurigkeit. Beides sind grundlegende Dynamiken menschlichen Lebens. Das eine ist nicht zu haben ohne das andere. Sinn im Leben ergibt sich nur im Aushalten des Spannungsfelds zwischen solchen Polaritäten.

- *Bedeutung von pathischen Fähigkeiten:* Nach Viktor E. Frankl gehört es zum Wesen des Menschen, ein Leidender zu sein, ein *homo patiens*.[267] Als solcher besitzt er Fähigkeiten zum Ertragen, Aushalten und Bewältigen von Leiden. Durch solche pathischen Fähigkeiten verwirklicht der Menschen auch in schwierigen Situationen Sinn. Oder mit Peter

265 Rentsch, Fürsorge am Lebensende, S. 23.

266 Gross, Wir werden älter, S. 10: «Das Alter verlangt nicht nach irgendeiner Deutung. Sondern nach einer Sinngebung der Schwäche. Und zwar auch für das hohe Alter, in dem Gebrechlichkeit, Erschöpfung und Rückzug vorherrschen. Denn allem Altern ist das Nachlassen und Schwächerwerden gemeinsam. Dieser Tatsache ins Auge zu sehen und ihr einen Sinn abzutrotzen zu versuchen, das ist alles andere als einfach.»

267 Frankl, Der leidende Mensch, S. 208.

Gross gesprochen: «Ein starkes, selbstgewisses und volles Leben führen heisst, Schwächen zulassen und mit ihnen umgehen können.»[268] Wo Menschen Leiden aushalten und bewältigen können, gibt es so etwas wie das Phänomen posttraumatischen Wachstums,[269] also die Erfahrung, gerade in der Bewährung an Belastendem Schritte der Reifung zu vollziehen. Untersuchungen zum Phänomen posttraumatischer Reifung haben ergeben, dass Personen, die traumatische Erlebnisse verarbeiten konnten, zuweilen einen Zuwachs an persönlichen und sozialen Ressourcen verzeichneten, indem sie eine bisher unbekannte innere Stärke erfuhren, eine intensivierte Wertschätzung des Lebens entwickelten, neue Wege der Lebensgestaltung für sich entdeckten, ein neues Gefühl innerer Verbundenheit mit anderen Menschen empfanden und mitunter eine spirituelle Entwicklung durchlebten. Negative Erfahrungen können dadurch ins Positive transponiert und konstruktiv in die weitere Lebensgestaltung einbezogen werden.[270]

- *‹Scheitern› als Voraussetzung für Neues:* Verena Kast hält es für unumgänglich, im Alter die Erfahrung von ‹Scheitern› zu machen – die Erfahrung, angesichts eigener Grenzen und Verletzlichkeit bisherige Möglichkeiten oder Vorstellungen loslassen zu müssen, weil sie nicht mehr realisierbar sind.[271] Solches ‹Scheitern› ist jedoch zugleich Voraussetzung, um neue Erfahrungen zu machen, neue

268 Gross, Wir werden älter, S. 149.

269 Schnell, Psychologie des Lebenssinns, S. 130–132.

270 Tedeschi/Shakespeare-Fink/Taku/Calhoun, Posttraumatic Growth. Die neuere psychologische Weisheitsforschung hat ergeben, dass sich Chancen für den Erwerb von Weisheit im Sinne vertiefter Lebensführungskompetenz insbesondere durch die Bewältigung von kritischen Lebensereignissen ergeben (Baumann/Linden, Weisheitskompetenzen und Weisheitstherapie, S. 40.45).

271 Kast, Altern, S. 55.

Einsichten in die Wirklichkeit des eigenen Menschseins zu gewinnen und sich so neu auf das einzustellen, was möglich und sinnvoll ist.

- *Herausforderungen geben dem Leben Tiefgang:* Herausforderungen und Zumutungen des Schicksals gehören zu dem, was uns im Leben wachsen, reifen und Tiefe gewinnen lässt. «Auch das Unerbetene gehört zu den Dingen im Leben, die ihm Tiefe verleihen. Ein Leben aber, in dem wir nichts Unerbetenes hätten, in dem uns weder etwas herausfordern noch überraschen noch vor eine Aufgabe stellen würde, wäre vermutlich ein durch und durch sinnloses Leben», ist Giovanni Maio überzeugt.[272]

- *Hilfebedürftigkeit offenbart menschliche Verwiesenheit auf Solidarität:* Verletzlichkeit macht hilfebedürftig. Hilfebedürftigkeit wiederum macht abhängig und lässt erfahren, dass Humanität nur auf der Basis solidarischer zwischenmenschlicher Verwiesenheit gelingen kann. In einem Netz solchen solidarischen Miteinanders eingebunden zu sein, kann Erfahrungen von Sinn generieren.

- *Mässigung als Korrektiv:* In der Minderung von Kraft, Leistung und Geschwindigkeit im Alter sieht Peter Gross eine Quelle der Mässigung, die ein sinnvolles, hilfreiches Korrektiv für eine Gesellschaft sein könnte, die in einer grenzenlosen Gier nach immer noch mehr und noch schneller das Wesentliche und Menschengemässe im Leben aus den Augen zu verlieren riskiert.[273] Ebenso schlagen aus der

---

272 Maio, Medizin ohne Mass ?, S. 191f.

273 Gross, Wir werden älter, S. 15: «Das Altwerdenkönnen ist, so meine Annahme, keine sinnlose und der Verschwendung zugeeignete Zeit, sondern ein grossartiges, ein segensreiches Geschenk, das eine Befriedung des gelebten Lebens und ein Vordringen der Mässigung und Genügsamkeit ermöglicht. Es initiiert inmitten der Gesellschaft eine mit dem Wachstum

Perspektive Historischer Anthropologie Andreas Bihrer und Angelika Messner vor, in der aktuellen Diskussion über Alter und Altern dem Phänomen der bewussten Selbstbeschränkung bzw. Mässigung für eine ‹Selbstkultivierung› im Sinne von Lebenskunst grössere Bedeutung beizumessen.[274]

Persönliche Reflexion

- *Gibt es alltägliche Aufgaben, Verrichtungen oder Erlebnisse, die für Sie zu ‹kleinen Sinnantworten› (Odo Marquard) werden?*
- *Welche gegenwärtigen Aktivitäten machen für Sie besonders Sinn?*
- *Worin erleben Sie Ihr gegenwärtiges Tun als für andere bedeutsam?*
- *Erkennen Sie im Rückblick auf Ihr Leben so etwas wie eine roten Sinnfaden, der Ihr Leben durchzieht?*

---

der Lebenserwartung wachsende Besinnung auf eine Lebensweise, die dem Druck der Zeit entgegensteht. Und das im Nachlassen und Schwächerwerden sich verbergende Weltfremde und -mässigende ist vielleicht das Weltnotwendige.» Und weiter: «Es liesse sich sagen, dass der Sinn einer älter werdenden Gesellschaft in der durch sie hervorgerufenen und ohne Zwang praktizierten Beruhigung und Mässigung einer turbulenten und ausser Rand und Band geratenen Welt liegt» (S. 102).

274 Bihrer/Messner, Alter und Selbstbeschränkung, S. 13. Auch Klaus R. Schroeter stellt sich die Frage, ob in der Selbstbeschränkung nicht gerade eine konstruktiv-subversive Kraft des Alters liegen könnte (Miszellen, S. 21).

Sinnlosigkeit aushalten

Miteinander von Sinn und Sinnlosigkeit

Die Beschäftigung mit der Sinnfrage spielt eine wichtige Rolle im Alter, das steht ausser Zweifel. Allerdings dürfte es sich als ratsam erweisen, die Sinnfrage bzw. die Sinnerwartung nicht zu überhöhen. Das Leben muss nicht jederzeit von Sinngewissheit erfüllt sein. Es gibt immer wieder Situationen, in denen das Leben sinnlos, ja widersinnig erscheint. Und dies dürfte im hohen Alter, wenn Erfahrungen von körperlichen und psychischen Einschränkungen zunehmen und sich die Fragilität des Lebens besonders aufdringlich bemerkbar macht, besonders ausgeprägt der Fall sein. So wie es Erfahrungen von Glück nur zusammen mit Erfahrungen von Unglück gibt,[275] so gibt es Erfahrungen von Sinnhaftigkeit nur im Kontrast zu Erfahrungen von Sinnlosigkeit. Das eine ist im realen Leben nicht ohne das andere zu haben. Und beide, Erfahrungen von Sinn und von Sinnlosigkeit, können durchaus auch miteinander und nebeneinander in ein und derselben Person vorhanden sein.

Sinnlosigkeitstoleranz

So sehr das Bemühen um Sinnorientierung einem menschlichen Grundbedürfnis entspricht, so sehr ist zu bedenken, dass «der Mensch auch mit einem bestimmten Mass an Sinnlosigkeitsgefühlen leben» kann.[276] Sie auszuhalten gehört genauso zu einem normalen menschlichen Leben wie der Umgang mit Krankheiten. Daran ändert auch eine spirituelle Lebenseinstel-

---

275 Marquard, Glück im Unglück, S. 11: «Für Menschen gibt es das nicht: das schattenlose Glück. […] Menschliches Glück ist – ganz elementar – stets nur Glück im Unglück.»

276 Vogel, Lebenssinn in schweren Erkrankungen, S. 36.

lung nichts, weil Glaube keine Verheissung beinhaltet, dass in allem, was einem widerfährt, ein Sinn zu finden sei. Nicht umsonst enthält der biblische Psalter so viele Klagepsalmen, in denen in den bohrenden Fragen nach dem Warum[277] und Wie-lange[278] Erfahrungen von Not, Verzweiflung und Sinnlosigkeit vor Gott gebracht werden. Leben kann, wie das der Theologe und Dichter Kurt Marti im Blick auf sein Leben als 92-jähriger Hochbetagter festgestellt hat, zum Leerlauf geraten, dessen Sinn nur noch darin besteht, dass es möglichst bald zu Ende geht.[279] Frank Mathwig hat darum recht, wenn er es als eine Aufgabe christlicher Theologie und Seelsorge ansieht, «Mut zur Sinnlosigkeitstoleranz» zu machen. «Wir können – und müssen manchmal – auch gegen das eigene Verstehen anleben. Leben braucht kein Verstehen, um gelebt zu werden.»[280]

Diese Mahnung zu einer Selbstbescheidung im Blick auf die Sinnfrage entspricht einer Forderung, die Odo Marquard angesichts eines von ihm diagnostizierten übermässig gewordenen Sinnanspruchs schon vor Jahrzehnten gestellt hat, nämlich eine «Sinndiät durch Diätetik der Sinnerwartung» zu vollziehen: «Die moderne … Sinnverlusterfahrung resultiert aus einem Überanspruch in Bezug auf Sinn; unsere primäre Schwierigkeit ist also nicht der Sinnverlust, sondern das Übermass des Sinnanspruchs; und nicht die grosse Sinnverlustklage bringt uns weiter, sondern eine Mässigung – eine Reduktion – des unmässig gewordenen Sinnanspruchs.»[281] Dies dürfte auch im Blick auf mögliche Erfahrungen von Sinnverlust im hohen Alter zu bedenken sein.

---

277 Z. B. Ps 22,2; 42,10; 43,2; 44,24.

278 Z. B. Ps 6,4; 13,2f.; 90,13; 94,3.

279 Marti, ‹Gott ist nicht in den Starken mächtig›, S. 101.

280 Mathwig, Worum sorgt sich Spiritual Care?, S. 37.

281 Marquard, Zur Diätetik der Sinnerwartung, S. 41f.

Auf Verklärung von Erfahrungen der Sinnlosigkeit verzichten

Die Aufforderung zu einer Mässigung des Sinnanspruchs gilt es insbesondere in theologischer Perspektive ernst zu nehmen, weil auf dem Hintergrund einer langen kirchlich-theologischen Tradition die Versuchung nicht von der Hand zu weisen ist, Glaube mit Sinnerfahrung zu identifizieren und dadurch die Sinnthematik theologisch zu überhöhen. Dies geschieht etwa, wenn der protestantische Theologe Helmut Gollwitzer meint, glauben heisse «in Gewissheit letzten Sinnes zu leben»,[282] oder wenn nach dem Philosophen Ludwig Wittgenstein gilt: «An Gott glauben heisst sehen, dass das Leben einen Sinn hat.»[283] Das ist eine problematische Verklärung dessen, was Glaube ist, und ein Nicht-Ernstnehmen dessen, was Menschen in Sinnkrisen erleben. Demgegenüber stellt der evangelische Theologe Manfred Josuttis zu Recht die (rhetorische) Frage: «Könnte nicht die Freiheit des Glaubens zur Realität gerade darin bestehen, dass er auf die Verklärung des Sinnlosen mithilfe religiöser Erklärungen zu verzichten vermag? Bestünde dann nicht die Kraft des Glaubens gerade darin, das Sinnlose auszuhalten, ohne es in Sinn umlügen zu müssen?»[284] Christlicher Glaube ist so gesehen gerade nicht nur als mögliche Quelle von Sinngebung zu verstehen, sondern ebenso sehr als Kraft, Erfahrungen von Sinndefiziten ehrlich zuzulassen und auf künstliche religiöse Sinndeutungen zu verzichten.[285] Tragender Grund menschlichen Lebens ist für den Glauben nicht irgendein erkannter oder verborgener Sinn im Leben, sondern das Vertrauen – ob mit mehr oder weniger Sinnerfahrung – in Gottes Hand zu sein (Psalm 31,16). Auch wenn dadurch das menschliche Le-

282 Gollwitzer, Krummes Holz – aufrechter Gang, S. 176.

283 Wittgenstein, Tractatus logico-philosophicus, S. 168.

284 Josuttis, Der Sinn der Krankheit, S. 122f.

285 Karle, Sinnlosigkeit aushalten!, S. 18.

ben z. B. im Angesicht der Herausforderungen und Belastungen des hohen Alters, nicht automatisch sinnvoll wird!

Auf einen bedenkenswerten Aspekt des Umgangs mit Erfahrungen von Sinndefizit hat Ingrid Riedel hingewiesen. Sie gibt zu bedenken, dass es einen «Mehr-Wert, einen Bedeutungsüberschuss des Lebens, der Teilhabe am Leben selbst gegenüber allen versuchten Sinndeutungen» gibt.[286] Sie greift dabei auf die Vorstellung der Mystik von der Selbstzwecklichkeit des Lebens zurück, die etwa in der Formel von Meister Eckhart vom «Leben ohne Warum» zum Ausdruck kommt.[287] Die Bedeutsamkeit und ein allenfalls verborgener Sinn des Lebens erschliessen sich vielleicht gerade dort am ehesten, wo Leben ohne irgendwelches Zweckdenken in vorreflexiver Selbstverständlichkeit einfach intensiv gelebt wird: in intensivem Auskosten seiner Güte und Schönheit, im aufrechten Durchleiden (Viktor E. Frankl) seiner Nöte, in verantwortungsvoller Hingabe an die Aufgaben, die es uns stellt – ohne in reflexiver Distanz zum Leben ständig nach dessen Sinnhaftigkeit zu fragen. Bei allem Fragen nach Sinn und bei allem Erleiden von Sinnlosigkeit sollte dieser Aspekt der Selbstzwecklichkeit des Lebens nicht vergessen werden. Denn er dürfte in manchen Situationen tatsächlich eine existenziell fruchtbarere Weise des Umgangs mit der Sinnfrage darstellen als «all die oft verkrampften Versuche, dem Unsinn, dem Widersinn, den das Leben uns auch zumutet, und diese gerade im Alter, jeweils einen Sondersinn abzutrotzen».[288]

---

286 Riedel, Die innere Freiheit des Alterns, S. 164.
287 Ebd., S. 168.
288 Ebd., S. 164.

Persönliche Reflexion

- *Wie sind Sie in Ihrem bisherigen Leben mit Erfahrungen von Sinnlosigkeit umgegangen?*
- *Gab es Situationen in Ihrem Leben, in denen Erfahrungen von Sinn und von Sinnlosigkeit nebeneinander vorhanden waren?*
- *Kennen Sie die Erfahrung, dass sich Sinn manchmal (vielleicht erst im Rückblick) gerade dann erschliesst, wenn man gar nicht bewusst über ihn nachdenkt?*

Endlichkeit als gnädige Begrenzung

Leben als ‹Sein zum Tode›

In der Phase des höheren Alters rückt unweigerlich die Tatsache verstärkt ins Bewusstsein, dass das Leben endlich ist und der Zeitpunkt des Sterbens näher rückt.[289] Lässt sich diese Realität in jüngeren Jahren relativ leicht verdrängen – schon gar seit dem vom Demografen Arthur E. Imhof beschriebenen, sich ab ca. 1930 vollziehenden Wandel von der sogenannt unsicheren zur sogenannt sicheren Lebenszeit[290] –, so wird mit voranschreitendem Alter deutlicher erkennbar, dass letztlich das ganze Leben ein «Sein zum Tode» ist, wie es der deutsche Philosoph Martin Heidegger formuliert hat.[291] Endlichkeit gehört

---

289 Nach Romano Guardini ist der alte, weise Mensch der, der um sein Ende weiss und es annimmt (Die Lebensalter, S. 56).

290 Imhof, Die Lebenszeit, S. 54–112.

291 Heidegger, Sein und Zeit, S. 255. Schon der Kirchenvater Augustin

zum Menschsein jeden Alters. «Jeder Mensch wird nicht erst in der Todesstunde zum Sterblichen, sondern ist es von Geburt an schon. Geboren werden heisst: in eine Welt kommen, in der man sich den Tod holen wird. Wohin der Mensch in dieser Welt auch kommt, der Tod ist schon da und erwartet ihn. Daher leben wir nicht erst am Ende des Lebens, sondern zu jeder Zeit in der Nähe des Todes.»[292] Entgegen einer langen theologischen Tradition im Christentum, die v. a. im Gefolge des Apostels Paulus von einem negativen Todesverständnis geprägt war, demzufolge der Tod eigentlich nicht sein sollte und als Strafe für die Sünde Adams galt (Römer 6,23), hat sich in neuerer Zeit theologisch immer mehr die Einsicht durchgesetzt: «Endlichkeit nach biblischem Verständnis ist gnädige Begrenzung»,[293] nicht göttliche Strafe oder Fluch.[294]

---

verstand das ganze Leben als einen einzigen ‹Todeslauf› (*cursus ad mortem*), in: De civitate Dei, XIII, 10).

292 Höhn, Thanatodizee, S. 9.

293 Schneider-Flume, Alter – Schicksal oder Gnade?, S. 14.

294 Dass theologisches Denken hier in jüngerer Zeit eine enorme Kehrtwende vollzogen hat, beschreibt Günter Thomas so: «Das Verständnis der Endlichkeit offenbart eine ungelöste Spannungslage zwischen den beiden grossen Traditionsströmen, die im westlichen Christentum wirksam sind. In den hebräischen Traditionen (vor ihrer Amalgamierung mit griechischem Denken) ist Endlichkeit dies, was die Schöpfung und darin auch den Menschen als gute Schöpfung charakterisiert und von Gott unterscheidet. Wieder ‹zu Staub› zu werden, ist nicht per se negativ konnotiert. Das endliche als *zeitlich befristete* Leben des Menschen (der nicht vom Baum des Lebens gegessen hat [sic!] Gen 2) kann zugleich das gesegnete und fruchtbare Leben sein. […] Dieses Bild ändert sich im Einflussbereich griechischen Denkens und speziell der Metaphysik, in dem *endlichem Leben das Unendliche* gegenübergestellt wurde und zugleich der *Tod als Resultat der Sünde* des Menschen begriffen wurde. Prägnanter Ausdruck dieses Umbaus, der sich in Auseinandersetzung mit dem Platonismus und Neuplatonismus vollzogen hat, ist der Beschluss der Synode von Karthago mit ihrem in der Katholischen Kirche bis heute gültigen Dogma, dass derjenige verdammt sei, der bestreitet, dass Adam ohne Sünde unsterblich gewesen wäre. Endliches Leben als unumgänglich sterbliches Leben ist ein solches,

Memento mori

In der christlichen Frömmigkeit gibt es eine lange Tradition des *memento mori*, des Bedenkens der eigenen Sterblichkeit. Sie wurzelt in der Bitte an Gott aus Psalm 90,12: «Lehre uns bedenken, dass wir sterben müssen, auf dass wir klug werden.»[295] Ziel solchen Bedenkens ist nicht, das Leben abzuwerten und das Bewusstsein des eigenen Sterben-Müssens wie eine dunkle, deprimierende Wolke über das ganze Leben zu legen, sondern im Gegenteil: Das Bedenken der eigenen Sterblichkeit soll dazu anleiten, die geschenkte Lebenszeit verantwortlich zu nutzen, sein Leben klug zu führen und es mit all seinen Möglichkeiten auszukosten, weil es begrenzt und kostbar ist. So sieht der Alttestamentler Jürgen van Oorschot die Bedeutung von Psalm 92 darin, dass er die Vergänglichkeit des Lebens ins Bewusstsein ruft und dazu anregt, «in der Gegenwart zu leben. Sie (sic. die Vergänglichkeit) drängt zur Präsenz und vertieft damit die Wahrnehmung und Gestaltung des jeweiligen Lebensabschnittes.»[296] Insofern gehört die alte Lebensregel *carpe diem* (pflücke den Tag!) als positive Kehrseite zu jedem Bedenken des Todes.[297]

---

weil es *sündiges* Leben ist. In diesem Vorstellungsrahmen können Prozesse des beschleunigten Verfalls, an denen diese Endlichkeit markant hervortritt und in denen sich der Tod abschattet, unter dem Vorzeichen der Sünde betrachtet werden. Die moderne Theologie von Friedrich Schleiermacher über Karl Barth bis in die Gegenwart hat in Sachen Endlichkeit eine enorm folgenreiche, ehrliche und zugleich schwierige Wendung vollzogen, insofern der *natürliche Tod* als Aspekt der Teilhabe des Menschen am *Prozess der Natur* begriffen wird und nicht als Resultat der Sünde. Der Tod ist somit wieder ein Moment der Geschöpflichkeit.» (Thomas/Thomas, Autonomie und Endlichkeit im Alterungsprozess, S. 141f.)

295 Luther-Übersetzung.

296 van Oorschot, Das Alter als Spiegel des Lebens, S. 68.

297 Claudia Bozzaro weist darauf hin, dass «das Bewusstsein der eigenen Endlichkeit den Menschen sensibilisiert für die Kostbarkeit der eigenen Lebenszeit und die Notwendigkeit einer Auseinandersetzung mit der Frage, wie man die begrenzt zur Verfügung stehende Zeit sinnvoll nutzen

Nach einer jahrhundertelangen philosophischen und spirituellen Erfahrung hilft eine Perspektive vom vorweggenommenen imaginierten Tod aus, klarer zu unterscheiden, was im Leben wesentlich ist und was nicht, was sinnvoll ist und was eines tieferen Sinns entbehrt, was lebenssatt werden lässt und was den Lebenshunger nicht wirklich zu stillen vermag. Darum hat nach christlicher Überzeugung mehr vom Leben, wer seine Endlichkeit anerkennt und in ihrem Licht sein Leben zu führen versucht.[298] Der Psychologin Verena Kast ist zuzustimmen: «Je akzeptierter wir den Tod in das eigene Lebenskonzept einbauen, desto lebendiger vermögen wir das Leben zu leben.»[299]

In der theologischen wie philosophischen Tradition des christlichen Abendlandes hat sich das Bedenken der eigenen Endlichkeit zu einer eigenen *ars moriendi* entwickelt, also zu einer Kunst des Sterbens bzw. des Sich-vertraut-Machens mit der eigenen Sterblichkeit, die derzeit international und interdisziplinär wieder vermehrt diskutiert wird.[300] Sie basiert auf der Überzeugung, dass es «kein tragfähiges menschliches

---

möchte» (Endlichkeitserfahrung, S. 326; ebenso dies., Altern als Paradigma menschlicher Zeiterfahrung, S. 64).

298 Martin M. Lintner sieht im *memento mori* «eine Ermahnung, jeden Tag so zu leben, als sei er der letzte, und sich damit in den tagtäglichen Entscheidungen und Handlungen von jenen Werten leiten zu lassen, von denen jemand überzeugt ist, dass sie dem Leben auch über den Tod hinaus einen Sinn verleihen» (Im Endlichen nicht begrenzt, S. 397). In ähnliche Richtung weist der ein Missverständnis abwehrende Hinweis von Eberhard Schockenhoff, «im Angesicht des Todes leb(e) nicht, wer immer an ihn denkt, bis er darüber krank und lebensunfähig wird, sondern wer bereits jetzt von dem lebt, das auch im Tod noch Bestand hat» (Den eigenen Tod annehmen, S. 397).

299 Kast, Altern, S. 161.

300 Ein neuerer Entwurf einer heutigen Ars moriendi liegt vor in: Rüegger, Das eigene Sterben. Vgl. auch die im Franz Steiner Verlag Stuttgart von Andreas Frewer, Christoph Müller-Busch und Daniel Schäfer seit 2010 herausgegebene Buchreihe «Ars moriendi nova. Geschichte – Philosophie – Praxis».

Selbst- und Lebensverständnis gibt ohne authentisches, ernsthaftes Bewusstsein unserer Endlichkeit.»[301]

Abschiedlich leben

In einer christlichen Perspektive motiviert ein Leben im Zeichen der Endlichkeit zu dem, was Verena Kast ein «abschiedliches Leben» nennt.[302] Gemeint ist damit ein Leben, das sich nicht an das klammert, was jemand ist oder hat, sondern das immer wieder loslassen, Altes hinter sich lassen und zu neuen Ufern aufbrechen kann, um sich weiter zu entwickeln in einem unabschliessbaren Werden bis zuletzt. Dieses ständige Werden und Sich-Verändern ist ein Prozess des Alterns. Nach Alfons Auer kann es eine freie Annahme des Alterns nur geben, wo jemand seine Endlichkeit bejaht und zu einem Einvernehmen mit der eigenen Sterblichkeit gelangt.[303]

Dieses Einvernehmen ermöglicht es, das eigene Sterben als ein ‹Ab-danken› zu verstehen: als ein Loslassen des irdischen Lebens in Dankbarkeit für alles, was einem mit dieser kostbaren Gabe des Lebens zuteilgeworden ist, ohne zu meinen, es müsse immer weiter gehen oder zur Norm für nachfolgende Generationen werden. Der Theologe Fulbert Steffensky schreibt: «Abdanken ist ein schönes altes Wort. Es heisst, sich mit Dank verabschieden; sich selber und die eigene Weise den anderen nicht als Diktat hinterlassen; nicht erwarten, dass sie uns ähnlich sind. Abdanken – das heisst, sich nicht in Bitterkeit und Resignation abwenden, sondern mit Schmerz und in Heiterkeit zugeben, dass unsere Kinder und Kindeskinder ihre eigenen Wege gehen, so wie wir sie früher gegangen sind. Unsere Kinder sind nicht dazu da, uns selber fortzusetzen. Ab-

---

301 Rentsch, Fürsorge am Lebensende, S. 25.

302 Kast, Abschiedlich existieren.

303 Auer, Geglücktes Altern, S. 167.

danken zu können ist ein Stück Gewaltlosigkeit, die uns Alte schöner macht und die bewirkt, dass unsere Nachkommen mit Güte und Zärtlichkeit an uns denken können.»[304] Abdanken kann, wer so gelebt hat, dass er oder sie lebenssatt geworden ist und Grund hat, für das gelebte Leben mit all seinen Höhen und Tiefen dankbar zu sein. So wird es auch leichter fallen, zur rechten Zeit ins Sterben einzuwilligen.

Medizinische Entscheidungen am Lebensende

Durch die Entwicklung der modernen Medizin kann heute der Tod immer weiter hinausgeschoben werden. Das führt dazu, dass Krankheitsverläufe auf das Lebensende hin immer mehr in vielfältige, oft komplexe Entscheidungssituationen führen. Sogenannte *medical end-of-life decisions* (medizinische Entscheidungen zum Lebensende) gehören heute zum Normalfall des Sterbens unter den Bedingungen eines modernen Gesundheitswesens. Das bedeutet, dass heute nicht mehr einfach gestorben wird, sondern dass sterben gelassen werden muss. Sterben wird immer mehr von einem ohnmächtigen Sich-Schicken in das Unabwendbare zu einem eigenverantwortlichen Entscheiden des Sterbenden, wann er oder sie bereit ist, das Sterben zuzulassen. Dabei geht es nicht zuerst um das Phänomen assistierten Suizids, sondern vor allem um Fragen des Umgangs mit lebensverlängernden Massnahmen: wie lange man sie beanspruchen, wann man auf sie verzichten will (sogenannt Passive Sterbehilfe). Gegen eine durch die Möglichkeiten moderner Medizin geförderte Tendenz, so lange wie möglich therapeutisch gegen das Sterben zu intervenieren und auf Lebensverlängerung zu setzen, gilt es für die Ärzteschaft wie für betroffene Patientinnen und Patienten, sich klar zu machen, was Hans-Martin

304 Steffensky, Schwarzbrot-Spiritualität, S. 229f.

Rieger in den lapidaren Satz gefasst hat: «Sterben zu können gehört zu einem gesunden Menschsein.»[305]

Heute ist es so, dass bereits in der Mehrzahl der medizinisch begleiteten Sterbefälle erst gestorben wird, wenn die betroffene Person bzw. deren Angehörige entsprechend entschieden hat bzw. haben.[306] Selbstbestimmtes Sterben wurde zum neuen Paradigma der Lebensbeendigung.[307] Umso mehr legt es sich nahe, sich im Alter rechtzeitig über Möglichkeiten des bevorstehenden Todes Gedanken zu machen, um zum gegebenen Zeitpunkt entscheiden zu können, wann die Zeit gekommen ist, das Leben zu beschliessen und abzudanken.

Selbstbestimmtes Sterben

Mit dieser Herausforderung gilt es auch theologisch ernst zu machen: Gott hat uns nach christlichem Verständnis die Freiheit gegeben, durch wissenschaftliche Entdeckungen medizinische Möglichkeiten der Lebensverlängerung zu entwickeln und von ihnen nach unserem eigenen Gutdünken Gebrauch zu machen. Nun sollen wir mit dieser Freiheit mündig und verantwortlich umgehen. Ob wir kürzer oder länger leben, ob wir früher ins Sterben einwilligen oder länger dagegen ankämpfen und den Tod hinausschieben, lässt Gott unsere Angelegenheit sein. Das in Freiheit zu entscheiden, mutet er uns selber zu, weil Gott ein Gott ist, der des Menschen Freiheit will, der in ihm ein mündiges, selbstverantwortliches Gegenüber haben will – auch im Blick auf Altern und Sterben. Es gilt darum, die Endlichkeit menschlichen Lebens als gnädige Begrenzung anzuerkennen

---

305 Rieger, Gesundheit, S. 170.

306 In der Schweiz ist dies nach der jüngsten Untersuchung im Blick auf Sterbefälle aus dem Jahr 2013 bereits in 58,7 % der Fall (Rüegger/Kunz, Über selbstbestimmtes Sterben, S. 32).

307 Zu dieser Thematik generell s. Rüegger/Kunz, Über selbstbestimmtes Sterben.

und zu lernen, eigenverantwortlich den Zeitpunkt zu bestimmen, an dem es sinnvoll erscheint, auf weitere Lebensverlängerung zu verzichten und das Sterben zuzulassen. Darin liegt nicht nur eine medizinische und ethische, sondern auch eine spirituelle Aufgabe, die sich heute einer Auseinandersetzung mit dem Alter in christlicher Perspektive stellt.

Persönliche Reflexion

– *Haben Sie schon versucht, im Sinne einer* ars moriendi *so im Bewusstsein der eigenen Sterblichkeit zu leben, dass Ihr jetziges Leben dadurch umso kostbarer und intensiver wird?*

– *Wie leicht fällt Ihnen das Loslassen und Abschiednehmen von Dingen, Menschen oder Aufgaben?*

– *Haben Sie sich schon Gedanken gemacht, was Ihnen im Blick auf Ihr Lebensende wichtig ist?*

Kontext

Altersgerechte Gesellschaft

Lebenskunst als Verhaltenskunst

Lebenskunst in der Tradition des antiken Verständnisses von Selbstsorge fokussiert hauptsächlich auf die Haltung des Einzelnen und seine Verantwortung gegenüber sich selbst im Blick auf die Entfaltung seiner Persönlichkeit. Sie ist darum, wie alle eudämonistische Ethik des guten Lebens, wesentlich individual-ethisch orientiert. Einer Lebenskunst des Alter(n)s geht es dementsprechend primär um eine Lebensführung älterer Menschen, durch die ihr altersspezifisches Potenzial wahrgenommen, die Herausforderungen ihrer spezifischen Lebensphase gemeistert und ihr letzter Lebensabschnitt sinnvoll und erfüllend gelebt werden kann. Sie ist insofern primär eine *Verhaltenskunst*.[308]

Lebenskunst als Verhältniskunst

Nun ist nicht zu bestreiten, dass ein gutes, erfüllendes Leben, wie es mit dem Konzept der Lebenskunst angestrebt wird, zwar vornehmlich, aber nicht nur mit der persönlichen Einstellung eines Individuums zu tun hat. Gesellschaftliche, sozial-politische Rahmenbedingungen spielen ebenfalls eine wichtige Rolle für ein gutes Leben. Ja, eine Lebenskunst des Alter(n)s steht immer in Wechselwirkung mit einer bestimmten Kultur des Alter(n)s, die in einer Gesellschaft vorherrscht. Zu dieser Kultur gehören kollektive Mentalitäten und Wertvorstellungen, sozial-politische Institutionen der materiellen Absicherung des Alters oder Angebote und Möglichkeiten der Teilhabe älterer Menschen am kulturellen und sozialen Leben. Lebenskunst ist in diesem Sinne nicht nur Verhaltens-, sondern auch *Verhältnis-*

308 Gödde/Zirfas, Kritische Lebenskunst, S. 467.

kunst.[309] Sie ist abhängig von entwicklungsförderlichen Bedingungen, die alte Menschen anregen und motivieren, die neue Erfahrungen und Erkenntnisse vermitteln, damit sich die Entwicklungspotenziale alter Menschen verwirklichen können.[310]

Hier stellt sich jeder Gesellschaft die sozial-ethische Herausforderung, Rahmenbedingungen für das solidarische und wertschätzende Zusammenleben aller Generationen zu schaffen. Das heisst zentral, eine Kultur zu realisieren, in der alte Menschen in ihrem Altsein und in ihrer unverlierbaren Würde respektiert werden, in der sie sich mit ihren altersspezifischen Werten, Interessen und Bedürfnissen einbringen können und als integraler Teil der Gesellschaft anerkannt und berücksichtigt werden.

Als Gesellschaft etwas von alten Menschen erwarten

Alte Menschen möchten wie alle anderen als respektierte Mitglieder zur Gesellschaft gehören und wahrgenommen werden, sie möchten gebraucht und so lange wie möglich mit Aufgaben und Funktionen betraut werden. Demgegenüber steht allerdings die Feststellung von Jürg Willi: «Alte Menschen fühlen sich häufig nicht ernst genommen, es wird von ihnen auch nichts Ernstzunehmendes erwartet, allerdings bemühen sie sich oft selbst nicht um eine ernst zu nehmende Lebensgestaltung. Es wird gefragt, ‹was können wir für die Alten tun?›, kaum jedoch ‹was können die Alten für uns tun?› […] Was Alte benötigen, ist das Ausüben sinnvoller Tätigkeiten, Tätigkeiten, die die Anerkennung anderer finden und von Nutzen für andere sind. Dazu muss man sich eine Umwelt konstellieren, die noch etwas von einem will. Wenn niemand mehr auf einen wartet und niemand mehr etwas von einem erwartet, ist man im sozialen Sin-

---

309 Ebd.

310 Kruse, Lebensphase hohes Alter, S. 412.

ne tot.»[311] Eine solches positiv eingestelltes gesellschaftliches Umfeld kann man sich als alter Mensch allerdings nicht einfach selber konstellieren. Es liegt in der Verantwortung der Gesellschaft als Ganzer, alterskompatible Rahmenbedingungen und eine entsprechende Kultur zu schaffen, die ein sinnerfülltes Leben im Alter erleichtern.

Aspekte einer altersfreundlichen Kultur

In Anlehnung an die sieben Merkmale einer altersfreundlichen Kultur, die Andreas Kruse identifiziert hat,[312] dürften folgende Punkte von zentraler Bedeutung sein:

- Ältere Menschen sind als ein bedeutender, anteilsmässig wachsender Teil der Gesellschaft ernst zu nehmen und als politische Subjekte in den gesellschaftlichen, politischen und kulturellen Diskurs einzubeziehen.

- Bei der Gestaltung der Gesellschaft darf nicht nur an der mittleren Erwachsenengeneration Mass genommen werden, sondern es muss in allen Bereichen – von der baulichen Infrastruktur über den Verkehr, von Konsum- und Kulturangeboten bis hin zur Ortsplanung – den spezifischen Bedürfnissen älterer Menschen Rechnung getragen werden.

- Das Interesse am Potenzial älterer Menschen muss gestärkt werden und die Erwartung zum Ausdruck kommen, dass alte Menschen mit ihren besonderen Erfahrungen, Fähigkeiten und Werten nach Massgabe ihrer Möglichkeiten einen aktiven Beitrag zum Wohl der Gesellschaft leisten.

---

311 Willi, Sich im Alter brauchen lassen, S. 91.98.

312 Kruse, Grenzgänge im Alter, S. 38–40.

- Das Verhältnis der verschiedenen Generationen ist in der Gesellschaft so zu gestalten, dass Kontakte zwischen den Generationen gefördert und die Solidarität zwischen den verschiedenen Altersgruppen sichergestellt werden. Der sogenannte Generationenvertrag ist so auszugestalten, dass keine Generation überlastet wird und keine ungebührlich auf Kosten der anderen lebt. Die Rechte, Ansprüche und Bedürfnisse aller Generationen sind gleichermassen anzuerkennen und miteinander in ein Gleichgewicht zu bringen.

- Den Bedürfnissen besonders vulnerabler Hochbetagter ist eigens Beachtung zu schenken. Entsprechende soziale, medizinische und pflegerische Dienstleistungen sind bereitzustellen und der Zugang zu ihnen für alle Bedürftigen gleichermassen sicherzustellen.

- Alten Menschen muss das Recht zugestanden werden, auf ihre je eigene Weise ein Leben im Alter so zu führen, wie es ihnen als gut und wünschbar erscheint.[313]

- Die unverlierbare Menschenwürde alter, auch hochbetagter, multimorbider und allenfalls demenziell erkrankter Menschen ist zu respektieren. Sie sind gerade in Betreuungsverhältnissen stets so zu behandeln, dass sie spüren können, dass man sie würdigt.[314]

- Schliesslich ist auf die Bedeutung von gesellschaftlich vermittelten Altersbildern hinzuweisen: Es gilt, «*kulturell wirkmächtige Bilder des Alters zu entwickeln* und in der Öffent-

---

313 Höffe, Die hohe Kunst des Alterns, S. 65–73.173–177.

314 Malcolm L. Johnson hält fest: «It will be the ultimate test of developed societies in the twenty-first century, that they provide dignity for the oldest old» (Dignity for the Oldest Old, S. 167).

> lichkeit zu vermitteln, die das Faktum der Verletzlichkeit ausdrücklich nennen (alles andere wäre naiv), zugleich aber auf die schöpferischen Potenziale alter Menschen hinweisen, mit denen es gelingen kann, die Verletzlichkeit anzunehmen und auch im Zustand erhöhter Verletzlichkeit ein sinnerfülltes, als stimmig erlebtes Leben zu führen.»[315]

Es bleibt festzuhalten: Ein gutes Leben im Alter bedarf beider Elemente: einer von den Alten selbst bewusst gelebten Lebenskunst des Alterns (*ars senescendi*) auf der individual-ethischen Ebene und einer gesellschaftlichen Kultur des solidarischen und würdigenden Umgangs mit alten Menschen auf sozialethischer und sozial-politischer Ebene.

---

315 KRUSE, Lebensphase hohes Alter, S. 194.

Zum Schluss

Alter zwischen Realismus und Potenzial

Christlicher Glaube versteht Alter grundsätzlich als Gabe Gottes, die Möglichkeiten eröffnet, die es in menschlicher Freiheit wahrzunehmen gilt. Dabei geht es einerseits darum, Alter sowohl unter dem Gesichtspunkt von Ressourcen und Potenzial als auch unter demjenigen von Minderung und Verletzlichkeit realistisch zu würdigen. Und es geht andererseits darum, ernst zu machen mit der Tatsache, dass Alter und Altern über eine beträchtliche Plastizität verfügen und Teil eines Lebens sind, das nicht einfach nach einem festgelegten Plan abläuft, sondern von Menschen eigenverantwortlich und selbstbestimmt geführt und gestaltet werden kann.

Das Alter, zumal das junge Alter, kann eine grossartige Zeit der späten Freiheit sein, wie sie der Sozialgerontologe Leopold Rosenmayr beschrieben hat.[316] Es kann aber auch, zumal im hohen Alter, durchaus mühsam sein. Der katholische Theologe Karl Rahner gibt darum nüchtern-realistisch zu bedenken: «Man soll es (das Alter, H. R.) nicht glorifizieren. Mehr als es auszuhalten zu versuchen, ist nicht nötig. Wenn man es sein lässt, wie es ist, hat man im Alter getan, was da zu tun ist.»[317] Das mag in gewissen Situationen eine berechtigte Perspektive sein, vor allem wenn es darum geht, ein alterndes Leben in einer zum Beispiel durch schwere Krankheit sehr belastenden, den Handlungsspielraum stark einschränkenden Situation vor übermässigem Druck durch unrealistische Erwartungen zu schützen. In den meisten Situationen dürfte es jedoch eine zu bescheidene Erwartung darstellen und das gering achten, was als Entwicklungspotenzial und Gestaltungsmöglichkeit dem Alter eigen ist. Gerade eine christliche Sicht des Alters wird sich darum bemühen, das zu entdecken, was dem Leben als guter Gabe Gottes auch im fortgeschrittenen Alter an Verheis-

316 Rosenmayr, Die späte Freiheit.

317 Rahner, Vom Alter, S. 73.

sungsvollem innewohnt. Insofern ist die Aussage des Philosophen Andreas Brenner dem Satz von Rahner mindestens korrigierend zur Seite zu stellen: «Für diejenigen, die das Glück haben, alt zu werden, ist das Alter die Chance ihres Lebens.»[318]

Allerdings ist mit Klara Obermüller zu bedenken: «Solange unsere Gesellschaft zwischen Jugendwahn und Altersphobie hin- und herpendelt, dürften ältere Menschen Mühe haben, sich und andere von Wert und Würde dieser besonderen Lebensform zu überzeugen. Eine Revision unserer Altersbilder tut deshalb not. Eine Revision hin zum Positiven, eine Revision aber auch, die differenziert und der ambivalenten Erscheinung des Alters Rechnung trägt.»[319] Und damit verbunden geht es darum, alte Menschen zu ermutigen und zu befähigen, ihr Alter in selbstverantwortlicher Freiheit im Sinne einer Lebenskunst des Alterns zu gestalten.

---

318 Brenner, Altern als Lebenskunst, S. 229.

319 Obermüller, Vom Wert des langen Lebens, S. 212.

Literatur

Die kursiven Passagen stellen die Kurztitel dar, mit denen im Textkorpus auf die entsprechenden Publikationen verwiesen wird.

Agich George J., *Dependence and autonomy in old age*: An ethical framework for long-term care, Cambridge 2003

Akashe-Böhme Farideh/Böhme Gernot, *Mit Krankheit leben*. Von der Kunst, mit Schmerz und Leid umzugehen, München 2005

Altwegg Leni, *Ich habe gelebt*, und es war gut, in: M. Stocker/K. Seifert (Hg.), Alles hat seine Zeit. Lesebuch zur Hochaltrigkeit, Zürich 2015 (2. Aufl.), S. 87–93

Antonovsky Aaron, *Salutogenese*. Zur Entmystifizierung der Gesundheit (Forum für Verhaltenstherapie und psychosoziale Praxis, Bd. 36), Tübingen 1997

Auer Alfons, *Geglücktes Altern*. Eine theologisch-ethische Ermutigung, Freiburg i. Br. 1995

Baars Jan, *Aging and the Art of Living*, Baltimore 2012

Bär Marion, *Sinn erleben im Angesicht der Alzheimerdemenz*. Ein anthropologischer Bezugsrahmen, Marburg 2010

Baltes Paul B., *Über die Zukunft des Alterns*: Hoffnung mit Trauerflor, in: M. Baltes/L. Montada (Hg.), Produktives Leben im Alter, Frankfurt a. M. 1996, S. 29–68

Barth Karl, *Die Kirchliche Dogmatik Bd. III/4*: Die Lehre von der Schöpfung: Das Gebot Gottes des Schöpfers, Zollikon 1951

Baumann Kai/Linden Michael, *Weisheitskompetenzen und Weisheitstherapie*. Die Bewältigung von Lebensbelastungen und Anpassungsstörungen, Lengerich 2021 (12. Aufl.)

Becker Dominik A., *Sein in der Begegnung*. Menschen mit (Alzheimer-) Demenz als Herausforderung theologischer Anthropologie und Ethik (Ethik im theologischen Diskurs, Bd. 19), Berlin 2010

Bihrer Andreas/Messner Angelika, *Alter und Selbstbeschränkung* – Horizonte für die Forschung, in: A. C. Messner/A. Bihrer/H.-P. Zimmermann (Hg.), Alter und Selbstbeschränkung. Beiträge aus der Historischen Anthropologie (Veröffentlichungen des Instituts für Historische Anthropologie, Bd. 14), Wien 2017, S. 9–19

Blasberg-Kuhnke Martina/Wittrahm Andreas (Hg.), *Altern in Freiheit und Würde.* Handbuch christlicher Altenarbeit, München 2007

Bleisch Barbara, *Warum wir unseren Eltern nichts schulden*, München 2019 (4. Aufl.)

Bozzaro Claudia, *Altern als Paradigma menschlicher Zeiterfahrung*, in: M. Bolze/C. Endter/M. Gunreben/S. Schwabe/E. Styn (Hg.), Prozesse des Alterns. Konzepte – Narrative – Praktiken, Bielefeld 2015, S. 49–65

Bozzaro Claudia, *Endlichkeitserfahrung*, in: M. Fuchs (Hg.), Handbuch Alter und Altern. Anthropologie – Kultur – Ethik, Berlin 2021, S. 324–329

Böhme Gernot, *Ethik leiblicher Existenz*. Über unseren moralischen Umgang mit der eigenen Natur (Suhrkamp Taschenbuch Wissenschaft, Bd. 1880), Frankfurt a. M. 2008

Böhme Gernot, *Ich-Selbst*. Über die Formation des Subjekts, München 2012

Brandstädter Jochen, *Hartnäckige Zielverfolgung und flexible Zielanpassung als Entwicklungsressourcen*: Das Modell assimilativer und akkommodativer Prozesse, in: ders./U. Lindenberger (Hg.), Entwicklungspsychologie der Lebensspanne, Stuttgart 2007, S. 413–445

Brantschen Niklaus/Gyger Pia, *Es geht um die Liebe*. Aus dem Leben eines zölibatären Paares, München 2013

Brenner Andreas, *Altern als Lebenskunst* (Die Graue Reihe, Bd. 75), Zug 2019

Buber Martin, *Begegnung.* Autobiographische Fragmente, Heidelberg 1978 (3. Aufl.)

Bundesamt für Gesundheit BAG, *Gesund altern*. Überblick und Perspektiven zur Schweiz, Bern 2019

Burbach Christiane, *Weisheit und Lebenskunst,* in: H. Egner (Hg.), Neue Lust auf Werte – Herausforderung durch Globalisierung, Düsseldorf 2001, S. 107–133

Burbach Christiane, *Weisheit und Lebenskunst*: Horizonte zur Konzeptualisierung von Seelsorge, Wege zum Menschen 58 (2006), S. 13–27

Callahan Daniel, *Nachdenken über den Tod.* Die moderne Medizin und unser Wunsch, friedlich zu sterben, München 1998

Calman Kenneth Charles, *Quality of life in cancer patients* – an hypothesis, Journal of Medical Ethics 10 (1984), pp. 124–127

Chochinov Harvey Max, *Würdezentrierte Therapie*. Was bleibt – Erinnerungen am Ende des Lebens, Göttingen 2017

Cicero Marcus Tullius, *Cato maior* de senectute, Stuttgart 1988

Coors Michael, *Zeit und Endlichkeit des alternden Menschen*, in: Aufgang. Jahrbuch für Denken, Dichten, Musik, Bd. 11: Alt sein – jung werden, hg. v. J. S. de Murillo/R. Haas/Ch. Rinser, Stuttgart 2014, S. 254–268

de Chardin Teilhard, *Der göttliche Bereich*. Ein Entwurf des inneren Lebens, Olten 1962

de Lange Frits, *Loving Later Life*. An Ethics of Aging, Grand Rapids 2015

de Vries Bodo, *Die Erfindung des Alters*. Gesellschaftliche Risiken und Potentiale durch eine neue Lebensphase, Wege zum Menschen 63 (2011) S. 125–142

Dierken Jörg, *Gelingendes Leben – gelingendes Altern*, in: M. Kumlehn/A. Kubik (Hg.), Konstrukte gelingenden Alterns, Stuttgart 2012, S. 35–51

Dohmen Josef, *Wider die Gleichgültigkeit*. Plädoyer für eine moderne Lebenskunst, Zürich 2014

Dörner Klaus, *Leben und sterben, wo ich hingehöre*. Dritter Sozialraum und neues Hilfesystem, Neumünster 2007 (4. Aufl.)

Edzard Dietz Otto, *Geschichte Mesopotamiens*. Von den Sumerern bis zu Alexander dem Grossen, München 2004

Engemann Wilfried, *Die Lebenskunst und das Evangelium*. Über eine zentrale Aufgabe kirchlichen Handelns und deren Herausforderung für die Praktische Theologie, Theologische Literaturzeitung 129 (2004), Sp. 875–896

Engemann Wilfried, *Aneignung der Freiheit*. Lebenskunst und Willensarbeit in der Seelsorge, Wege zum Menschen 58 (2006), S. 28–48

Erikson Erik H., *The Life Cycle Completed*. Extended Version, New York 1997

Erikson Erik H., *Identität und Lebenszyklus*. Drei Aufsätze (Suhrkamp Taschenbuch Wissenschaft, Bd. 16), Frankfurt a. M. 2013 (26. Aufl.)

Ernst Gerhard (Hg.), *Philosophie als Lebenskunst*: antike Vorbilder, moderne Perspektiven (Suhrkamp Taschenbuch Wissenschaft, Bd. 2195), Berlin 2016

Ernst Stephanie, *Segen – Aufgabe – Einsicht*. Aspekte und Bilder des Alterns in den Texten des Alten Israel (Arbeiten zu Text und Sprache im Alten Testament, Bd. 93), St. Ottilien 2011

Ernst Stephanie, *Biblisches Altern als Vorbild?* – Ein Blick auf die alttestamentlichen Altersbilder, in: St. Ernst (Hg.), Alter und Altern. Herausforderungen für die theologische Ethik (Studien zur theologischen Ethik, Bd. 147), Fribourg 2016, S. 271–278

Failing Wolf-Eckart, Art. «*Alter III. Praktisch-theologisch*», in: Religion in Geschichte und Gegenwart. Handwörterbuch für Theologie und Religionswissenschaft, Bd. 1, Tübingen 1998 (4. Aufl.), Sp. 364–366

FANGERAU Heiner, *Krankheit/Pathologisierung*, in: M. Fuchs (Hg.), Handbuch Alter und Altern. Anthropologie – Kultur – Ethik, Berlin 2021, S. 12–16

FEESER-LICHTERFELD Ulrich, *Lebenszyklus und Lebensverlängerung*. Das sich wandelnde Altern und die Herausforderung der Theologie, in: K. Gabriel/W. Jäger/G. M. Hoff (Hg.), Alter und Altern als Herausforderung (Grenzfragen, Bd. 35), Freiburg i. Br. 2011, S. 265–289

FELLMANN Ferdinand, *Philosophie der Lebenskunst* zur Einführung, Hamburg 2009

FERRARI SCHIEFER Valeria, *Die Würde des Menschen im vierten Lebensalter* – Ein notwendiger Perspektivenwechsel aus der Sicht der Pflege, in: T. Meireis (Hg.), Altern in Würde. Das Konzept der Würde im vierten Lebensalter, Zürich 2013, S. 77–97

FOUCAULT Michel, *Die Sorge um sich* (Sexualität und Wahrheit, Bd. 3; Suhrkamp Taschenbuch Wissenschaft, Bd. 718), Frankfurt a. M. 2019 (14. Aufl.)

FRANKL Viktor E., *Der Mensch auf der Suche nach einem letzten Sinn*, in: ders., Logotherapie und Existenzanalyse. Texte aus sechs Jahrzehnten, Berlin 1994 (neue, erweiterte Ausgabe), S. 265–284

FRANKL Viktor E., *Der leidende Mensch*. Anthropologische Grundlagen der Psychotherapie, Bern 2005 (3. Aufl.)

FREVEL Christian, *Gottesbildlichkeit und Menschenwürde*. Freiheit, Geschöpflichkeit und Würde des Menschen nach dem Alten Testament, in: ders., Gottesbilder und Menschenbilder. Studien zu Anthropologie und Theologie im Alten Testament, Neukirchen-Vluyn 2016, S. 235–258

FREVEL Christian, *«Du wirst jemanden haben, der dein Herz erfreut und dich im Alter versorgt»* (Rut 4,15). Alter und Altersversorgung im Alten/Ersten Testament, in: ders., Gottesbilder und Menschenbilder. Studien zu Anthropologie und Theologie im Alten Testament, Neukirchen-Vluyn 2016, S. 327–357

FREVEL Christian, *Die Frage nach dem Menschen*. Biblische Anthropologie als wissenschaftliche Aufgabe – Eine Standortbestimmung, in: ders., Gottesbilder und Menschenbilder. Studien zu Anthropologie und Theologie im Alten Testament, Neukirchen-Vluyn 2016, S. 185–218

FRICK Karin/FROBÖSE Frerk/GÜRTLER Detlef, *Die Gesellschaft des langen Lebens*. Zur Zukunft von Altern, Wohnen, Pflegen, Bern 2013

FUCHS Michael, *Was ist Altern?*, in: ders. (Hg.), Handbuch Alter und Altern. Anthropologie – Kultur – Ethik, Berlin 2021, S. 3–11

GEMS David, *Ansätze der Biogerontologie*, in: M. Fuchs (Hg.), Handbuch Alter und Altern. Anthropologie – Kultur – Ethik, Berlin 2021, S. 265–273

GÖDDE Günter/ZIRFAS Jörg, *Kritische Lebenskunst*. Analysen – Orientierungen – Strategien, Stuttgart 2018

GOLLWITZER Helmut, *Krummes Holz – aufrechter Gang*. Zur Frage nach dem Sinn des Lebens, München 1971 (2. Aufl.)

GORDON Harris J, *Biblical Perspectives on Aging*. God and the Elderly, New York 2008 (2nd ed.)

GROSS Peter, *Wir werden älter*. Vielen Dank. Aber wozu? Vier Annäherungen, Freiburg i. Br., 2013

GRÜN Anselm, *Die hohe Kunst des Älterwerdens* (dtv, Bd. 34624), München 2011 (4. Aufl.)

GRÜN Anselm, *Gelassen älter werden*. Eine Lebenskunst für hier und jetzt, Freiburg i. Br. 2017 (5. Aufl.)

GUARDINI Romano, *Die Lebensalter*. Ihre ethische und pädagogische Bedeutung (Topos Taschenbücher, Bd. 400), Kevelaer 2008 (13. Aufl.)

HAHMANN Julia, *Soziale Beziehungen* und soziale Netzwerke, in: M. Fuchs (Hg.), Handbuch Alter und Altern. Anthropologie – Kultur – Ethik, Berlin 2021, S. 242–249

HASLER Ludwig, *Für ein Alter, das noch was vorhat*. Mitwirken an der Zukunft, Zürich 2019 (2. Aufl.)

HEIDEGGER Martin, *Sein und Zeit*, Tübingen 2001 (18. Aufl.)

HESSE Hermann, *Eigensinn*. Autobiographische Schriften (Bibliothek Suhrkamp, Bd. 353), Frankfurt a. M. 1972

HESSE Hermann, *Mit der Reife wird man immer jünger*. Betrachtungen und Gedichte über das Alter, hg. v. V. Michels (Insel Taschenbuch, Bd. 2311), Frankfurt a. M. 1990

HÖFFE Otfried, *Die hohe Kunst des Alterns*. Kleine Philosophie des guten Lebens, München 2018

HÖFFE Otfried, *Ethik*, in: M. Fuchs (Hg.), Handbuch Alter und Altern. Anthropologie – Kultur – Ethik, Berlin 2021, S. 135–142

HÖHN Hans-Joachim, *Thanatodizee?* Über ein philosophisches Verhältnis zum Verhältnis von Leben und Tod, in: ders. (Hg.), Welt ohne Tod? – Hoffnung oder Schreckensvision? (Preisschriften des Forschungsinstituts für Philosophie Hannover, Bd. 2), Göttingen 2004, S. 9–18

HÖPFLINGER François, *Sozialgerontologie*: Alter im gesellschaftlichen Wandel und neue soziale Normvorstellungen zu späteren Lebensjahren, in: Th. Klie/M. Kumlehn/R. Kunz (Hg.), Praktische

Theologie des Alterns (Praktische Theologie im Wissenschaftsdiskurs, Bd. 4), Berlin 2009, S. 55–73

Höpflinger François, *Das vierte Lebensalter* – gesellschaftliche und individuelle Dimensionen, in: T. Meireis (Hg.), Alter in Würde. Das Konzept der Würde im vierten Lebensalter, Zürich 2013, S. 39–55

Höpflinger François, *Demografisch-gesellschaftliche Wandlungen* und soziale Folgen, in: St. Becker/H. Brandenburg (Hg.), Lehrbuch Gerontologie. Gerontologisches Fachwissen für Pflege- und Sozialberufe. Eine interdisziplinäre Aufgabe, Bern 2014, S. 161–184

Horn Christoph, *Antike Lebenskunst*: Glück und Moral von Sokrates bis zu den Neuplatonikern (Beck'sche Reihe, Bd. 1271), München 2014 (3. Aufl.)

Horn Erika, *Lebenskunst* im endgültigen Abschiednehmen, in: H. G. Petzold/E. Horn/L. Müller (Hg.), Hochaltrigkeit. Herausforderung für persönliche Lebensführung und biopsychosoziale Arbeit (Integrative Modelle in Psychotherapie, Supervision und Beratung), Wiesbaden 2011, S. 325–330

Huber Wolfgang, *Was macht eine theologische Ethik theologisch?*, in: R. Amesbury/Ch. Ammann (Hg.), Was ist theologische Ethik? Beiträge zu ihrem Selbstverständnis und Profil, Zürich 2015, S. 13–28

Imhof Arthur E., *Die Lebenszeit*. Vom aufgeschobenen Tod und von der Kunst des Lebens, München 1988

Johnson Malcolm L., *Dignity for the Oldest Old*: Can We Afford it? In: R. Disch u. a. (ed.), Dignity and Old Age, New York 1988, pp. 55–168

Josuttis Manfred, *Der Sinn der Krankheit*. Ergebung oder Protest?, in: ders. (Hg.), Praxis des Evangeliums zwischen Politik und Religion. Grundprobleme der Praktischen Theologie, München 1974, S. 117–141

Jüngel Eberhard, *Der alte Mensch* – als Kriterium der Lebensqualität. Bemerkungen zur Menschenwürde der leistungsunfähigen Person, in: ders., Entsprechungen: Gott – Wahrheit – Mensch (Theologische Erörterungen, Bd. 2), Tübingen 2002 (3. Aufl.), S. 318–321

Kaelin Lukas, *Personale Bindung und Einsamkeit*, in: M. Fuchs (Hg.), Handbuch Alter und Altern. Anthropologie – Kultur – Ethik, Berlin 2021, S. 330–336

Kahneman Daniel, *Schnelles Denken*, langsames Denken, München 2017.

Karle Isolde, *Sinnlosigkeit aushalten!* Ein Plädoyer gegen die Spiritualisierung von Krankheit, Wege zum Menschen 61 (2009) S. 19–34

KAST Verena, *Abschiedlich existieren* – sich einlassen und loslassen, in: E. Frick/R. T. Vogel (Hg.), Den Abschied vom Leben verstehen. Psychoanalyse und Palliative Care, Stuttgart 2010, S. 104–116

KAST Verena, *Altern* – immer für eine Überraschung gut, Ostfildern 2017 (3. Aufl.)

KERN Udo, *Der Mensch bleibt Mensch.* Anthropologische Grundlagen des alten Menschen, in: M. Kumlehn/Th. Klie (Hg.), Aging – Anti-Aging – Pro-Aging. Altersdiskurse in theologischer Deutung, Stuttgart 2009, S. 56–102

KICKBUSCH Ilona/HARTUNG Susanne, *Die Gesundheitsgesellschaft.* Konzepte für eine gesundheitsförderliche Politik, Bern 2014 (2. Aufl.)

KIRCHENAMT DER EKD, *Im Alter neu werden können.* Evangelische Perspektiven für Individuum, Gesellschaft und Kirche. Eine Orientierungshilfe des Rates der Evangelischen Kirche in Deutschland (EKD), Gütersloh 2009

KLIE Thomas, *Auf dem Weg zur Caring Community*, in: A. Kruse/Th. Rentsch/H.-P. Zimmermann (Hg.), Gutes Leben im hohen Alter: Das Altern in seinen Entwicklungsmöglichkeiten und Entwicklungsgrenzen verstehen, Heidelberg 2012, S. 231–238

KLIE Thomas, *Wen kümmern die Alten?* Auf dem Weg in eine sorgende Gesellschaft, München 2014

KLIE Thomas/KUMLEHN Martina/KUNZ Ralph (Hg.), *Praktische Theologie des Alterns* (Praktische Theologie im Wissenschaftsdiskurs, Bd. 4), Berlin 2009

KLOPFENSTEIN Martin A., *Die Stellung des alten Menschen* in der Sicht des Alten Testaments, in: ders., Leben aus dem Wort. Beiträge zum Alten Testament, Bern 1996, S. 261–273

KNELL Sebastian, *Philosophische und ethische Aspekte des Alterns*, in: B. Altenberg/K. O. Greulich/V. Elsässer/M. Gabrian/H.-W. Wahl/S. Knell, Altern. Biologische, psychologische und ethische Aspekte (Ethik in den Biowissenschaften – Sachstandsberichte des DRZE, Bd. 16), Freiburg i. Br. 2017, S. 106–162

KOSTENWEIN Wolfgang, *Sexuelle Kompetenz*, in: D. Bach/F. Böhmer (Hg.), Intimität – Sexualität, Tabuisierung im Alter, Wien 2011, S. 199–218

KÖRTNER Ulrich H. J., *Leib und Leben.* Bioethische Erkundungen zur Leiblichkeit des Menschen (Arbeiten zur Pastoraltheologie, Liturgik und Hymnologie, Bd. 61), Göttingen 2010

KRAMER Werner, *Was sind die spirituellen Ziele im Alter* aus Sicht des Christentums, und wie können sie erreicht werden?, in: P. Bäurle u. a. (Hg.), Spiritualität und Kreativität in der Psychotherapie mit älteren Menschen, Bern 2005, S. 126–135

KRUSE Andreas, *Selbständigkeit,* Selbstverantwortung, bewusst angenommene Abhängigkeit und Mitverantwortung als Kategorien einer Ethik des Alterns, Zeitschrift für Gerontologie und Geriatrie 38 (2005), S. 223–237

KRUSE Andreas, *Grenzgänge im Alter.* Die Gestaltung des Alters aus individueller, gesellschaftlicher und kultureller Sicht, in: ders./G. Maio/J. Althammer, Humanität einer alternden Gesellschaft (Veröffentlichungen der Joseph-Höffner-Gesellschaft, Bd. 3), Paderborn 2014, S. 11–47

KRUSE Andreas, *Erhaltung von Selbständigkeit im Alter,* in: St. Ernst (Hg.), Alter und Altern. Herausforderungen für die theologische Ethik (Studien zur theologischen Ethik, Bd. 147), Fribourg 2016, S. 15–39

KRUSE Andreas, *Lebensphase hohes Alter.* Verletzlichkeit und Reife, Berlin 2017

KRUSE Andreas, *Bildung,* in: M. Fuchs (Hg.), Handbuch Alter und Altern. Anthropologie – Kultur – Ethik, Berlin 2021, S. 372–381

KUBIK Andreas, *Konstrukte gelingenden Alter(n)s*: Einleitung, in: M. Kumlehn/A. Kubik (Hg.), Konstrukte gelingenden Alter(n)s, Stuttgart 2012, S. 9–21

KUMLEHN Martina/KLIE Thomas (Hg.), *Aging – Anti-Aging – Pro-Aging.* Altersdiskurse in theologischer Deutung, Stuttgart 2009

KUMLEHN Martina/KUBIK Andreas (Hg.), *Konstrukte gelingenden Alterns,* Stuttgart 2012

KUNZ Ralph (Hg.), *Religiöse Begleitung im Alter.* Religion als Thema der Gerontologie, Zürich 2007

KUNZ Ralph, *Weisheit*: Konzepte der Lebensklugheit, in: Th. Klie/M. Kumlehn/R. Kunz (Hg.), Praktische Theologie des Alterns (Praktische Theologie im Wissenschaftsdiskurs, Bd. 4), Berlin 2009, S. 155–205

LANG Frieder R., *Soziale Beziehungen im Alter*: Ergebnisse der empirischen Forschung, in: H.-W. Wahl/C. Tesch-Römer (Hg.), Angewandte Gerontologie in Schlüsselbegriffen, Stuttgart 2000, S. 142–147

LANZERATH Dirk, *Medikalisierung,* in: M. Fuchs (Hg.), Handbuch Alter und Altern. Anthropologie – Kultur – Ethik, Berlin 2021, S. 403–413

LASLETT Peter, *Das dritte Alter*: historische Soziologie des Alterns, Weinheim 1995

LESER Markus, *Herausforderung Alter.* Plädoyer für ein selbstbestimmtes Leben, Stuttgart 2017

Liess Kathrin, *Kulturen des Alten Orients* (Ägypten, Mesopotamien, Israel), in: M. Fuchs (Hg.), Handbuch Alter und Altern. Anthropologie – Kultur – Ethik, Berlin 2021, S. 39–49

Lintner Martin M., *Im Endlichen nicht begrenzt*. Zur spirituellen Bewältigung des Alterns, in: St. Ernst (Hg.), Alter und Altern. Herausforderungen für die theologische Ethik (Studien zur theologischen Ethik, Bd. 147), Fribourg 2016, S. 397–412

Luther Henning, *Identität und Fragment*. Praktisch-theologische Überlegungen zur Unabschliessbarkeit von Bildungsprozessen, in: ders., Religion und Alltag. Bausteine zu einer Praktischen Theologie des Subjekts, Stuttgart 1992, S. 160–182

MacIntyre Alasdair Chalmers, *Dependent rational animals*: Why human beings need the virtues, Chicago 1999

Mahr Christiane, *«Alter» und «Altern»* – eine begriffliche Klärung mit Blick auf die gegenwärtige wissenschaftliche Debatte (Alter[n]skulturen, Bd. 11), Bielefeld 2016

Maio Giovanni, *Vom Sinn des Alters*. Reflexionen zum Alter jenseits des Fitnessimperativs, in: ders. (Hg.), Altwerden ohne alt zu sein? Ethische Grenzen der Anti-Aging-Medizin, Freiburg i. Br. 2011, S. 11–19

Maio Giovanni, *Medizin ohne Mass?* Vom Diktat des Machbaren zu einer Ethik der Besonnenheit, Stuttgart 2014.

Maio Giovanni, *Gefangen im Übermass an Ansprüchen und Verheissungen.* Zur Bedeutung des Schicksals für das Denken der modernen Medizin, in: ders. (Hg.), Abschaffung des Schicksals? Menschsein zwischen Gegebenheit des Lebens und medizin-technischer Gestaltbarkeit, Freiburg i. Br. 2014 (3. Aufl.)

Maio Giovanni, *Wenn das Annehmen wichtiger wird als das Machen*. Für eine neue Kultur der Sorge am Ende des Lebens, in: A. Kruse/G. Maio/J. Althammer (Hg.), Humanität einer alternden Gesellschaft (Veröffentlichungen der Joseph-Höffner-Gesellschaft, Bd. 3), Paderborn 2014, S. 49–80

Maron Monika, *Ich will, was alle wollen*. Gedankengänge eines alten Kindes, in: Th. Steinfeld (Hg.), «Einmal und nicht mehr». Schriftsteller über das Alter (Deutscher Taschenbuch Verlag, Bd. 13030), München 2002, S. 22–27

Marquard Odo, Zur Diätetik der Sinnerwartung. Philosophische Bemerkungen, in: ders., Apologie des Zufälligen. Philosophische Studien (Universal-Bibliothek, Nr. 8351), Stuttgart 1986, S. 33–53

Marquard Odo, Glück im Unglück. Philosophische Überlegungen, München 2008 (3. Aufl.)

MARTI Kurt, *Heilige Vergänglichkeit*. Spätsätze, Stuttgart 2011 (2. Aufl.)

MARTI Kurt, *«Gott ist nicht in den Starken mächtig»*. Kurt Marti im Gespräch mit Matthias Hui, in: M. Stocker/K. Seifert (Hg.), Alles hat seine Zeit. Ein Lesebuch zur Hochaltrigkeit, Zürich 2015 (2. Aufl.), S. 101–109

MATHWIG Frank, ‹Das ist mein Leib›. Zum Verhältnis von Würde und Leiblichkeit, in: T. Meireis (Hg.), Altern in Würde. Das Konzept der Würde im vierten Lebensalter, Zürich 2013, S. 59–75

MATHWIG Frank, *Worum sorgt sich Spiritual Care?* Bemerkungen und Anfragen aus theologisch-ethischer Sicht, in: I. Noth/C. Kohli Reichenbach (Hg.), Palliative und Spiritual Care. Aktuelle Perspektiven in Medizin und Theologie, Zürich 2014, S. 23–41

MEIREIS Torsten, *Würde ist mehr als ein Wort …*, in: ders. (Hg.), Altern in Würde. Das Konzept der Würde im vierten Lebensalter, Zürich 2013, S. 17–37

MONTADA Leo, *Machen Gebrechlichkeit und chronische Krankheit produktives Altern unmöglich?*, in: M. Baltes/L. Montada (Hg.), Produktives Leben im Alter (ADIA-Schriftenreihe, Bd. 3), Frankfurt 1996, S. 382–392

MOODY Harry R., *The cost of autonomy*, the price of paternalism, in: R. Disch/R. Dobrof/H. R. Moody (ed.), Dignity and old age, New York 1998, pp. 111–127

MULIA Christian, *Altern als Werden zu sich selbst*. Philosophische und theologische Anthropologie im Angesicht des Alters, in: M. Kumlehn/Th. Klie (Hg.), Aging – Anti-Aging – Pro-Aging. Altersdiskurse in theologischer Deutung, Stuttgart 2009, S. 103–127

MÜLLER Anselm Winfried, *Lebensverlängerung durch die Medizin?* Ein Beitrag zur Ethik des Alters, in: E. Herrmann-Otto (Hg.), Die Kultur des Alterns von der Antike bis zur Gegenwart, St. Ingbert 2004, S. 161–180

NEUGARTEN Bernice L., *Age groups in American society* and the rise of the young-old, Annals of the American Academy of Political and Social Sciences 415 (1), pp. 187–198

NIELEN Holger, *Alter und Altern in den Religionen*, in: M. Fuchs (Hg.), Handbuch Alter und Altern. Anthropologie – Kultur – Ethik, Berlin 2021, S. 63–74

NIETZSCHE Friedrich, *Die fröhliche Wissenschaft*, in: ders., Sämtliche Werke. Kritische Studienausgabe, Bd. 3, hg. v. G. Colli/M. Montinari, München/Berlin 1988 (2. Aufl.), S. 343–651

OBERMÜLLER Klara, *Vom Wert des langen Lebens*, in: Caritas Schweiz (Hg.), Sozialalmanach 2011. Schwerpunkt: Das vierte Lebensalter, Luzern 2011, S. 209–212

Pfaller Larissa/Schweda Mark (Hg.), *«Successful Aging?»* Gerontologische Leitbilder des Alterns in der Diskussion, Wiesbaden 2023

Pleschberger Sabine, *Nur nicht zur Last fallen.* Sterben in Würde aus der Sicht alter Menschen in Pflegeheimen, Freiburg i. Br. 2005

Perrig-Chiello Pasqualina/Höpflinger François, *Die Babyboomer*. Eine Generation revolutioniert das Alter, Zürich 2009

Rahner Karl, *Vom Alter*, in: K. Lehmann/A. Raffelt (Hg.), Rechenschaft des Glaubens. Karl Rahner-Lesebuch, Zürich 1979, S. 72f

Rahner Karl, *Zum theologischen und anthropologischen Grundverständnis des Alters*, in: ders., Wissenschaft und christlicher Glaube (Schriften zur Theologie, Bd. XV), Zürich 1983, S. 315–325

Reinmuth Eckart, *Die kulturelle Konstruktion des Alters*. Neutestamentliche Perspektiven, in: M. Kumlehn/Th. Klie (Hg.), Aging – Anti-Aging – Pro-Aging. Altersdiskurse in theologischer Deutung, Stuttgart 2009, S. 144–156

Rentsch Thomas, *Fürsorge am Lebensende*: Philosophische Grundlagen, in: M. Kumlehn/A. Kubik (Hg.), Konstrukte gelingenden Alterns, Stuttgart 2012, S. 22–34

Rentsch Thomas, *Ethik des Alterns*: Perspektiven eines gelingenden Lebens, in: A. Kruse/Th. Rentsch/H.-P. Zimmermann (Hg.), Gutes Leben im hohen Alter. Das Altern in seinen Entwicklungsmöglichkeiten und Entwicklungsgrenzen verstehen, Heidelberg 2012, S. 63–72

Rentsch Thomas, *Altern als Werden zu sich selbst*. Philosophische Ethik der späten Lebenszeit, in: ders./M. Vollmann (Hg.), Gutes Leben im Alter. Die philosophischen Grundlagen (Reclam Taschenbuch, Nr. 20253), Stuttgart 2012, S. 189–206

Rentsch Thomas, *Alt werden*, alt sein – Philosophische Ethik der späten Lebenszeit, in: ders./H.-P. Zimmermann/A. Kruse (Hg.), Altern in unserer Zeit. Späte Lebensphasen zwischen Vitalität und Endlichkeit, Frankfurt a. M. 2013, S. 163–187

Rentsch Thomas, *Werden zu sich selbst*: Das Altern und die Zeitlichkeit des guten Lebens, Zeitschrift für Praktische Philosophie 1 (2014) 1, S. 263–288

Rentsch Thomas, *Kultur humanen Alterns*. Ethische Perspektiven, in: H.-P. Zimmermann/A. Kruse/Th. Rentsch (Hg.), Kulturen des Alterns. Plädoyer für ein gutes Leben bis ins hohe Alter, Frankfurt 2016, S. 257–267

Rentsch Thomas/Vollmann Morris, *Der Sinn des Alterns* zwischen Glück und Leiden: Perspektiven der philosophischen Anthropologie und Ethik, in: S. Schicktanz/M. Schweda (Hg.), Pro-Age oder Anti-Aging? Altern im Fokus der modernen Medizin (Kultur der Medizin: Geschichte – Theorie – Ethik, Bd. 35), Frankfurt 2012, S. 159–177

Riedel Ingrid, *Die Kunst der Abhängigkeit*, in: P. Buchheim/M. Cierpka/T. Seifert (Hg.), Psychotherapie im Wandel: Abhängigkeit (Lindauer Texte), Berlin 1991, S. 197–211

Riedel Ingrid, *Die innere Freiheit des Alterns*, Mannheim 2010 (2. Aufl.)

Riedel Ingrid, *Lebensphasen Lebenschancen.* Vom gelassenen Umgang mit dem Älterwerden. Im Gespräch mit Mathilde Fischer, Munderfing 2015

Rieger Hans-Martin, *Altern anerkennen und gestalten.* Ein Beitrag zu einer gerontologischen Ethik (Forum Theologische Literaturzeitung, Bd. 22), Leipzig 2008

Rieger Hans-Martin, *Gesundheit.* Erkundungen zu einem menschenangemessenen Konzept (Forum Theologische Literaturzeitung, Bd. 29), Leipzig 2013

Rieger Hans-Martin, *Zwischen Alterslob und Altersklage.* Typen christlicher Altersdiskurse in der Alterskultur der Gegenwart, in: K. Baier/F. Winter (Hg.), Altern in den Religionen (Schriftenreihe der Österreichischen Gesellschaft für Religionswissenschaft, Bd. 6), Wien 2013, S. 133–144

Rieger Hans-Martin, *Leiblichkeit in theologischer Perspektive*, Stuttgart 2019

Rohr Richard, *Reifes Leben.* Eine spirituelle Reise, Freiburg i. Br. 2013 (2. Aufl.)

Rosa Hartmut, *Unverfügbarkeit*, Wien 2019 (3. Aufl.)

Rosenmayr Leopold, *Die späte Freiheit.* Das Alter – ein Stück bewusst gelebten Lebens, Berlin 1983

Rosenmayr Leopold, *Zur Philosophie des Alterns*, in: A. Kruse/M. Martin (Hg.), Enzyklopädie der Gerontologie. Alternsprozesse in multidisziplinärer Sicht, Bern 2004, S. 13–28

Rosenmayr Leopold, *Schöpferisch altern.* Eine Philosophie des Lebens, Wien 2007.

Rothermund Klaus, *Emotionales Befinden* und Emotionsregulation im Alter, in: M. Fuchs (Hg.), Handbuch Alter und Altern. Anthropologie – Kultur – Ethik, Berlin 2021, S. 337–347

Rüegger Heinz, *Sterben in Würde?* Nachdenken über ein differenziertes Würdeverständnis, Zürich 2004 (2. Aufl.)

Rüegger Heinz, *Das eigene Sterben.* Auf der Suche nach einer neuen Lebenskunst, Göttingen 2006

Rüegger Heinz, *Pro Aging* – zur Herausforderung einer zeitgemässen ars senescendi, in: W. W. Müller (Hg.), Alter – Bildung. 30 Jahre Seniorenbildung in Luzern, Fribourg 2010, S. 201–218

Rüegger Heinz, *Anti-Aging und Menschenwürde.* Zu einer Lebenskunst des Alterns jenseits von Leistung und Erfolg, in: G. Maio (Hg.), Alt werden ohne alt zu sein? Ethische Grenzen der Anti-Aging-Medizin, Freiburg i. Br. 2011, S. 249–272

Rüegger Heinz, *Vom Sinn im hohen Alter.* Eine theologische und ethische Auseinandersetzung, Zürich 2016

Rüegger Heinz, *Sinnfindung im hohen Alter.* Gerontologisch-ethische Erwägungen, Ethica 25 (2017) 4, S. 329–353

Rüegger Heinz, *Von der anspruchsvollen Kunst der Abhängigkeit,* in: Jahrbuch Diakonie Schweiz 4 (2020/2021), S. 233–242. DOI: https://doi.org/10.22018/JDS. 2021.16.

Rüegger Heinz, *Ars senescendi: Gelingendes Altern als Lebenskunst*, Wege zum Menschen 73 (2021), S. 256–264

Rüegger Heinz, *Alter in christlicher Perspektive,* in: H. Bachmaier/B. Seeberger (Hg.), Religiosität im Alter, Göttingen 2022, S. 97–120

Rüegger Heinz, *Ars senescendi: Altern im Zeichen von Lebenskunst,* in: L. Pfaller/M. Schweda (Hg.), «Successful Aging?» Gerontologische Leitbilder des Alterns in der Diskussion, Wiesbaden 2023

Rüegger Heinz/Kunz Roland, *Über selbstbestimmtes Sterben.* Zwischen Freiheit, Verantwortung und Überforderung, Zürich 2020

Sauter Gerhard, *Was heisst: nach Sinn fragen?* Eine theologisch-philosophische Orientierung (Kaiser Traktate, Nr. 53), München 1982

Schäfer Brigitte, *Resilienz.* Ditzingen 2017

Scherlein Rainer, *Älterwerden lernen.* Pastoral in der dritten Lebensphase, Mainz 2001

Schmid Wilhelm, *Schönes Leben?* Einführung in die Lebenskunst, Frankfurt a. M. 2000

Schmid Wilhelm, *Mit sich selbst befreundet sein.* Von der Lebenskunst im Umgang mit sich selbst, Frankfurt a. M. 2004

Schmid Wilhelm, *Dem Leben Sinn geben.* Von der Lebenskunst im Umgang mit Anderen und der Welt, Berlin 2013

Schmid Wilhelm, *Gelassenheit.* Was wir gewinnen, wenn wir älter werden, Berlin 2015 (18. Aufl.)

Schmid Wilhelm, *Philosophie der Lebenskunst.* Eine Grundlegung (Suhrkamp Taschenbuch Wissenschaft, Bd. 1385), Berlin 2016 (14. Aufl.)

Schmid Wilhelm, *Das Leben verstehen.* Von den Erfahrungen eines philosophischen Seelsorgers, Berlin 2016

Schmitz Barbara, *Was ist ein lebenswertes Leben?* Philosophische und biographische Zugänge, Ditzingen 2023

SCHNEIDER-FLUME Gunda, *Alter – Schicksal oder Gnade?* Theologische Überlegungen zum demographischen Wandel und zum Alter(n), Göttingen 2008 (2. Aufl.)

SCHNELL Tatjana, *Psychologie des Lebenssinns*, Berlin 2016

SCHOCKENHOFF Eberhard, *Den eigenen Tod annehmen*. Einstellungen zum Schicksal am Lebensende aus theologisch-ethischer Sicht, in: G. Maio (Hg.), Abschaffung des Schicksals? Menschsein zwischen Gegebenheit des Lebens und medizin-technischer Gestaltbarkeit, Freiburg i. Br. 2014 (3. Aufl.), S. 394–416

SCHROETER Klaus R., *Miszellen* zu den subversiven Kräften des Alters und den ungehobenen Schätzen der Widerspenstigkeit im Alter, in: A. C. Messner/A. Bihrer/H.-P. Zimmermann (Hg.), Alter und Selbstbeschränkung. Beiträge aus der Historischen Anthropologie (Veröffentlichungen des Instituts für Historische Anthropologie, Bd. 14), Wien 2017, S. 21–44

SCHWEDA Mark/SCHICKTANZ Silke, *‹Anti-Aging›*, in: M. Fuchs (Hg.), Handbuch Alter und Altern. Anthropologie – Kultur – Ethik, Berlin 2021, S. 253–264

Sechster Bericht zur Lage der älteren Generation in der Bundesrepublik Deutschland: Altersbilder in der Gesellschaft, Berlin 2010

SEIDLER Miriam, *Alterssexualität*, in: M. Fuchs (Hg.), Handbuch Alter und Altern. Anthropologie – Kultur – Ethik, Berlin 2021, S. 397–402

SINGER Tania/LINDENBERGER Ulman, *Plastizität*, in: H.-W. Wahl/C. Tesch-Römer (Hg.), Angewandte Gerontologie in Schlüsselbegriffen, Stuttgart 2000, S. 39–43

SÖLLE Dorothee, *Mystik des Todes*. Ein Fragment, Stuttgart 2003

SPRAKTIES Gerhard, *Happy-Aging* statt Anti-Aging. Glücklich und sinnerfüllt alt werden, Berlin 2019

STAUBLI Thomas/SCHROER Silvia, *Menschenbilder der Bibel*, Ostfildern 2014

STAUDINGER Ursula M., *Viele Gründe sprechen dagegen und trotzdem geht es vielen Menschen gut*: das Paradox des subjektiven Wohlbefindens, Psychologische Rundschau 51 (2000), S. 185–197

STAUDINGER Ursula M./DITTMANN-KOHLI Freya, *Lebenserfahrung und Lebenssinn*, in: P. B. Baltes/J. Mittelstrass/U. M. Staudinger (Hg.), Alter und Altern: Ein interdisziplinärer Studientext zur Gerontologie, Berlin 1994, S. 409–436

STEFFENSKY Fulbert, *Der alltägliche Charme des Glaubens*, Würzburg 2002

STEFFENSKY Fulbert, *Schwarzbrot-Spiritualität*, Stuttgart 2006

STEFFENSKY Fulbert, *Mut zur Endlichkeit*. Sterben in einer Gesellschaft der Sieger, Stuttgart 2007

Steffensky Fulbert, *Fragmente der Hoffnung*, Stuttgart 2019

Tedeschi Richard G./Shakespeare-Finch Jane/Taku Kanako/Calhoun Lawrence G., *Posttraumatic Growth*. Theory, Research, and Applications, New York 2018

Tesch-Römer Clemens, *Einsamkeit*, in: H.-W. Wahl/C. Tesch-Römer (Hg.), Angewandte Gerontologie in Schlüsselbegriffen, Stuttgart 2000, S. 163–167

Thomas Christine/Thomas Günter, *Autonomie und Endlichkeit im Alterungsprozess*. Gerontologische und systematisch-theologische Beobachtungen, in: M. Kumlehn/Th. Klie (Hg.), Aging – Anti-Aging – Pro-Aging. Altersdiskurse in theologischer Deutung, Stuttgart 2009, S. 128–143

Tornstam Lars, *Gerotranscendence*. A Developmental Theory of Positive Aging, New York 2005

van Oorschot Jürgen, *Das Alter als Spiegel des Lebens* – Altern im Horizont der Bibel, in: M. Friedenthal-Haase/G. Meinhold/K. Schneider/U. Zwiener (Hg.), Alt werden – alt sein. Lebensperspektiven aus verschiedenen Wissenschaften (Studien zur Pädagogik, Andragogik und Gerontagogik, Bd. 50), Frankfurt a. M. 2001, S. 65–78

Vogel Rudolf, *Lebenssinn in schweren Erkrankungen* älterer Menschen. Eine empirische Untersuchung über Selbsttranszendenz, Sinnerfüllung, Sinnkrise im Alter (Dissertation), Heidelberg 2010

Wahl Hans-Werner, *Eine psychologische Sicht des Alterns*. Potenziale und Sisyphos-Elemente gehen Hand in Hand, in: A. von Hülsen-Esch (Hg.), Alter(n) neu denken. Konzepte für eine neue Alter(n) skultur, Bielefeld 2015, S. 133–153

Wahl Hans-Werner/Heyl Vera, *Gerontologie* – Einführung und Geschichte (Grundriss Gerontologie, Bd. 1), Stuttgart 2015 (2. Aufl.)

Wahl Hans-Werner/Tesch-Römer Clemens, *Erfolgreiches Altern* und die dunklen Seiten des Älterwerdens. Pflegebedürftigkeit als Prüfstein für erfolgreiches Altern, in: L. Pfaller/M. Schweda (Hg.), «Successful Aging?» Gerontologische Leitbilder des Alterns in der Diskussion, Wiesbaden 2023

Wanzenried Gabrielle, *Kommunale Alterspolitik*: die Gemeinden sind gefordert, Gerontologie CH 1/2022, S. 14–16

Werren Melanie, «*Ehe die Tage des Übels kommen …*» Kohelet 11,7–12,8 vor dem Hintergrund von alttestamentlichen Altersvorstellungen (Masterarbeit an der Theologischen Fakultät der Universität Bern), 2012

Werren Melanie, *Würde und Demenz*. Grundlegung einer Pflegeethik (ethikundgesellschaft, Bd. 6), Baden-Baden 2019

WEYEL Birgit, *Aszetik.* Spiritualität und Religiosität im Alter, in: Th. Klie/M. Kumlehn/R. Kunz (Hg.), Praktische Theologie des Alterns (Praktische Theologie im Wissenschaftsdiskurs, Bd. 4), Berlin 2009, S. 597–614

WILLI Jürg, *Sich im Alter brauchen lassen* – ein notwendiger Einstellungswandel, in: B. Boothe/B. Ugolini (Hg.), Lebenshorizont Alter, Zürich 2003, S. 91–108

WILS Jean-Pierre, *Autonomie und Passivität.* Tugenden einer zweiten Aufklärung im medizinischen Kontext, in: R. Baumann-Hölzle (Hg.), Leben um jeden Preis? Entscheidungsfindung in der Intensivmedizin, Bern 2004, 43–57

WILS Jean-Pierre, *Sich den Tod geben.* Suizid – Eine letzte Emanzipation?, Stuttgart 2021

WITTGENSTEIN Ludwig, *Tractatus logico-philosophicus* / Tagebücher 1914–1916 / Philosophische Untersuchungen (Ludwig Wittgenstein Werkausgabe, Bd. 1; Suhrkamp-Taschenbuch Wissenschaft, Bd. 501), Frankfurt a. M. 1984

WOLFF Hans Walter, *Anthropologie des Alten Testaments* (Kaiser Taschenbücher, Nr. 91), München 1990 (5. Aufl.).

WORLD HEALTH ORGANISATION, *World report on ageing and health*, WHO 2015 (URL: who.int/publications/i/item/9789241565042 [Zugriff 25.11.2022])

ZIMMERMANN Harm-Peer, *Irrelevanz und Relevanz von Alter in grossen Religionen*, in: Alternde Gesellschaft. Soziale Herausforderungen des längeren Lebens (Jahrbuch Sozialer Protestantismus, Bd. 6), Gütersloh 2013, S. 74–111

Heinz Rüegger
Vom Sinn im hohen Alter
Eine theologische und ethische Auseinandersetzung

Was ist der Sinn des Lebens im hohen Alter, in einer Lebensphase, in der sich Erfahrungen von körperlicher und geistiger Fragilität in besonders aufdringlicher Weise manifestieren? Wie können Menschen im hohen Alter Sinn erfahren? Und welchen Sinn haben alte Menschen für die Gesellschaft? Heinz Rüegger verzichtet auf theologische Überhöhung und versteht das Alter als zivilisatorische Errungenschaft, die es in Freiheit zu gestalten gilt. Denn Sinn hat auch aus theologischer Sicht mit alltäglichen Erfahrungen von Glück und liebevoller Zuwendung in Beziehungen zu tun. Der Glaube ist dabei kein Sinngarant – aber er kann helfen, Unsinniges und Widersinniges auszuhalten.

2016, 172 Seiten, Paperback
ISBN 978-3-290-17871-0

Produktsicherheit

Hersteller:
TVZ Theologischer Verlag Zürich AG
Schaffhauserstr. 316, CH-8050 Zürich
info@tvz-verlag.ch

Verantwortlicher in der EU gemäss GPSR:
Brockhaus Kommissionsgeschäft GmbH
Kreidlerstr. 9, DE-70806 Kornwestheim
info@brocom.de

Weitere Informationen bezüglich Produktsicherheit finden Sie unter:
www.tvz-verlag.ch/produktsicherheit